T0098910

À LA MÊME LIBRAIRIE

Textes :

WHITEHEAD A. N., *Modes de pensée*, traduction H. Vaillant, préface G. Durand, « Analyse et Philosophie », 2004.

Études :

DEBAISE D., *Un empirisme spéculatif. Lecture de* Procès et réalité *de Whitehead*, « Analyse et et Philosophie », 2006.

SAINT-SERNIN B., *Whitehead. Un univers en essai*, « Analyse et Philosophie », 2000.

STENGERS I. (dir.), *L'effet Whitehead*, « Annales de l'Université Libre de Bruxelles », 1994.

BIBLIOTHÈQUE DES TEXTES PHILOSOPHIQUES

Fondateur H. GOUHIER   Directeur E. CATTIN

A. N. WHITEHEAD

LE CONCEPT DE NATURE

Traduction
par
J. DOUCHEMENT

Deuxième édition augmentée

PARIS
LIBRAIRIE PHILOSOPHIQUE J. VRIN
6, Place de la Sorbonne, V ^{e}
2019

WHITEHEAD A. N., *The Concept of Nature*
© Cambridge University Press, 1920

© *Librairie Philosophique J. VRIN,* 1998
© 2006, pour la présente édition poche
Imprimé en France
ISSN 0249-7972
ISBN 978-2-7116-1777-7

www.vrin.fr

principales de Whitehead : bifurcation, cogrédience, congruence, événement, particule-événement, extension, facteur, ingression, objet, rect, etc. Cette énumération n'est pas exhaustive, ni hiérarchisée; elle permet seulement d'apercevoir d'emblée que la terminologie de Whitehead unit les termes neufs, inventés pour les besoins de la théorie, à des termes usuels dont on découvrira qu'ils sont détournés de leurs acceptions ordinaires. Une difficulté de la traduction du livre tient à la nature de cette terminologie où se reflète une intention majeure de Whitehead : il dit devoir « utiliser des termes étranges ou des mots familiers avec des significations inhabituelles ». Et cette nécessité tient au projet même : reconstruire notre idée (philosophique) de la nature, ce qui implique la critique de la métaphysique familière qui continuait de soustendre les conceptions de la science elle-même jusqu'à l'apparition de la Théorie de la relativité.

Le *Concept de nature* est un traité de philosophie naturelle, expression autrefois synonyme de physique, qui a conservé ici une signification vivante. Whitehead ne fait pas œuvre d'épistémologue ; il ne s'intéresse pas tant à la connaissance du côté du sujet que du côté de l'objet. Son projet est clairement formulé dès l'avant-propos : il s'agit de « jeter les bases d'une philosophie naturelle, présupposition nécessaire à une réorganisation de la physique spéculative ». *Le Concept de nature* n'est pas un simple traité de physique, mais plutôt un ouvrage intermédiaire entre la physique et la métaphysique, et non pas une métaphysique de la nature au sens kantien, puisqu'il ne s'agit pas d'exposer la partie pure et *a priori* de la physique, mais de dresser le tableau des concepts ultimes de la physique (titre du dernier chapitre). On observera que si Whitehead se défend de faire œuvre de métaphysicien, il est néanmoins clair qu'il prépare ici la métaphysique par la physique, celle-ci se limitant à la nature, qui n'est pas toute la réalité, mais une physique spéculative aisément susceptible d'être prise pour une métaphysique.

Whitehead limite donc expressément et étroitement son projet à la philosophie naturelle, et répudie toute prétention métaphysique; mais on trouvera ici les prémisses de la cosmologie tentée dans *Process and Reality* et, dans la forme même qu'il donne à la limitation de son travail, se fait jour un autre dessein, plus vaste, qui laisse soupçonner au lecteur que la Nature est pour le philosophe beaucoup plus que ce que la philosophie naturelle en dira jamais. La philosophie naturelle, que Whitehead a appelée dans *The Principle of Relativity* (1922), une *panphysique*[1], est seulement, mais n'est pas moins justement non plus, la préparation d'une cosmologie nouvelle et d'une philosophie complète, en même temps qu'elle s'efforce de donner à la physique moderne (la théorie de la relativité) la base philosophique qu'elle réclame, puisqu'elle ruine l'idée traditionnelle de la nature (en l'espèce l'idée d'un espace et d'un temps distincts en même temps que nécessaires et universels), mais que le pionnier lui-même de sa construction, Einstein, fut, selon Whitehead, incapable de former, tant est grande la dépendance de nos esprits à l'égard de la métaphysique traditionnelle de la nature, qu'il s'agit précisément de remplacer.

OBJET DE LA PHILOSOPHIE NATURELLE

La délimitation de l'objet propre de la philosophie naturelle conduit à une rupture avec les vues traditionnelles de la philosophie et de la science : tel est le sens de la doctrine de la *bifurcation* chez Whitehead.

---

1. *Cf.* G. Hélal, *La Philosophie comme panphysique – La philosophie des sciences de A.N. Whitehead,* Montréal, 1979, p. 63.

Qu'est-ce donc que la nature? La nature n'est pas la réalité; la réalité est l'objet de la cosmologie, et elle inclut une théorie des *préhensions*[1], qui est ici absente, quoique latente, puisque la nature est faite d'événements parmi lesquels l'*événement percevant*, qu'est notre corps. La nature, objet de la philosophie naturelle, exclut donc en quelque manière l'esprit, quoique la préhension n'appartienne pas en propre à l'esprit, puisque «toutes les choses actuelles sont, selon Whitehead, des sujets, dont chacun préhende l'univers dont il est issu»[2]. Cette thèse n'apparaît pas explicitement dans notre ouvrage, mais il la prépare: il s'agit pour Whitehead d'abolir la séparation de l'esprit; l'activité mentale est l'un des modes du sentir, qui appartiennent en un sens à toute réalité, «mais ne se haussent au niveau de l'intellect conscient que dans quelques-unes»[3]. La théorie de la *bifurcation* est ainsi la préparation dans la philosophie naturelle de cette doctrine qui conduira dans la cosmologie à une naturalisation de l'esprit, où ce dernier est compris comme une sorte d'efflorescence: tout sujet est un résultat. Ici, il semble que Whitehead préfère s'en tenir à une vue commune et limitative, en s'interdisant d'identifier nature et réalité: la nature n'est que ce qui s'offre à la conscience sensible; le temps par exemple s'étend au-delà de la nature, qui n'est qu'une part de ce qui avance et devient. Si la philosophie naturelle fournit la propédeutique de la cosmologie, c'est pour autant qu'elle commence par rompre déjà elle-même avec le présupposé selon lequel l'expérience devrait être décrite à partir du point de vue de la conscience; Whitehead distingue entre une pensée *homogène* et une pensée *hétérogène* de la nature, la première consistant en une pensée

---

1. *Procès et réalité*, 3e partie, p. 353 *sq.*
2. *Ibid.*, p. 124.
3. *Ibid.*, p. 123.

de la nature sans pensée de la pensée. Dans la philosophie naturelle, la nature est envisagée comme quelque chose de connu, mais indépendamment du fait qu'il est connu.

La nature est bien ce qui est offert à la conscience sensible, mais elle est cependant indépendante de la pensée, *self-contained*, *close to mind*. D'où l'importance de la référence à Schelling à la fin du chapitre 2 : le *Natur-Philosoph* affirme l'indépendance de la nature et en fait une construction d'elle-même, non une construction de l'esprit ; aussi n'oppose-t-il pas la nature construite (l'expérience) à la nature réelle. La critique de la bifurcation, et la thèse de l'indépendance de la nature avec laquelle elle ne fait qu'un, sont ainsi corrélatives d'un réalisme fondamental :

> Ma thèse est que cette introduction forcée de l'esprit ajoutant quelque chose de soi à la chose offerte à la connaissance par la conscience sensible, est seulement une manière d'esquiver le problème de la philosophie naturelle. Ce problème est l'étude des relations *inter se* des choses connues, abstraction faite du pur fait qu'elles sont connues. La philosophie naturelle ne devrait jamais demander ce qui est dans l'esprit et ce qui est dans la nature. Le faire trahit qu'on a échoué à exprimer les relations entre les choses perceptivement connues, c'est-à-dire à exprimer ces relations naturelles dont l'expression est la philosophie naturelle.

Ou encore :

> Ce contre quoi je m'élève essentiellement, est la bifurcation de la nature en deux systèmes de réalité, qui, pour autant qu'ils sont réels, sont réels en des sens différents. Une de ces réalités serait les entités telles que les électrons, étudiées par la physique spéculative. Ce serait la réalité qui est là pour la connaissance ; bien que selon cette théorie ce ne soit jamais connu. Car ce qui est connu, c'est l'autre espèce de réalité qui résulte du

concours de l'esprit. Ainsi, il y aurait deux natures, dont l'une serait conjecture et l'autre rêve.

Ce réalisme, à l'opposé des vues idéalistes kantiennes par exemple, lesquelles supposent des formes mentales organisant des données chaotiques, fournit le seul vrai point de vue sur la nature. Le *Concept de nature* est ainsi expressément dirigé contre les vues philosophiques d'un Einstein qui restent attachées à la bifurcation : Einstein est en somme « kantien » au moins en un sens vulgaire (celui-là même que récusait Bergson par exemple), puisqu'il considère que l'existence des objets scientifiques (l'atome) n'est qu'une simple construction conceptuelle et ne nous fait pas atteindre la réalité elle-même [1]. On n'échappe à la bifurcation qu'en réfutant le point de vue traditionnel sur la nature, issu d'Aristote, et qui repose sur une contamination de l'objet par les habitudes acquises dans le langage. C'est pourquoi Whitehead s'efforce de montrer comment la théorie traditionnelle de la substance et des attributs, elle-même dérivée d'une certaine conception de la proposition, a préparé la *bifurcation*, consolidée par exemple dans la distinction lockienne des qualités premières et secondes : « L'entité a été séparée du facteur qui est le *terminus* de la conscience sensible. Elle est devenue le substrat de ce facteur, et le facteur s'est dégradé en attribut de l'entité. C'est de cette

---

1. *Cf.* F. Cesselin, « La Bifurcation de la nature », *Revue de métaphysique et de morale*, janvier-mars 1950. On notera que la polémique qui oppose Bergson à Einstein recoupe cet aspect : Einstein considère ainsi l'irréversibilité du temps comme une simple illusion, là où Bergson veut voir au contraire l'étoffe même du réel ; en parlant comme Whitehead, l'irréversibilité n'est pour Einstein qu'un trait de la nature apparente, non de la nature réelle. Même chose pour la simultanéité : « La simultanéité ne doit pas être prise comme concept mental sans pertinence, surimposé à la nature... » ; « Une durée est une tranche concrète de nature limitée par la simultanéité qui est un facteur essentiel dévoilé dans la conscience sensible ».

manière qu'une distinction a été introduite dans la nature, qui en vérité n'est pas du tout une distinction ». C'est pourquoi la nature, en définitive, est le seul objet de la philosophie naturelle, laquelle n'a pas à s'occuper de l'esprit ni même de la conscience sensible, bien que la nature soit le *terminus* de la conscience sensible.

L'AVANCE DE LA NATURE ET LES RELATIONS

Quelle est alors la tâche de la philosophie naturelle ? Ce sera, en tant que construction de la physique spéculative enveloppée par la nouvelle doctrine de la relativité, établir le système des concepts ultimes de la physique. Or la nature est un système de relations reliant entre elles des entités ultimes qui forment les termes (*termini*) de ces relations. La nature est à la fois ces termes et ces relations, puisqu'il est exclu que les relations soient une œuvre de l'esprit extérieure à la nature ; les relations sont des *facteurs de fait* qui sont là pour la pensée et ne sont pas créés par elle. Elle est un complexe de termes et de relations, d'entités qui sont en même temps des *relata*, le tissu de leurs relations les distribuant en séries et en ensembles :

> La pensée place devant elle des termes simples (*bare objectives*, qu'on serait tenté de traduire : des objectivités nues), des entités comme nous les appelons, que l'activité pensante habille de l'expression de leurs relations mutuelles. La conscience sensible révèle le fait par le moyen de facteurs qui pour la pensée sont ces entités. La séparation distincte d'une entité dans la pensée n'est pas une assertion métaphysique, mais une procédure méthodique nécessaire pour l'expression finie de propositions individuelles. En dehors de ces entités, il ne pourrait y avoir aucune vérité finie ; elles sont les moyens par lesquels la pensée échappe à la divagation dans l'indéfini.

Un texte essentiel du chapitre final résume la conception de Whitehead :

> Finalement nous atteignons ainsi l'idéal d'un événement d'extension si restreinte qu'il perd toute extension dans l'espace et dans le temps. Un tel événement n'est plus qu'un éclair de durée instantanée. J'appelle un tel événement idéal une *particule-événement*. Vous ne devez pas croire que la réalité ultime du monde est une construction de particules-événements. C'est mettre la charrue avant les bœufs. Le monde que nous connaissons est un courant continu d'occurrences que nous pouvons découper en événements finis formant par leurs chevauchements et leurs emboîtements mutuels, ainsi que par leurs séparations une structure spatio-temporelle. Nous pouvons exprimer les propriétés de cette structure dans les termes des limites idéales des voies d'approximation que j'ai appelées particules-événements. C'est pourquoi les particules-événements sont des abstractions dans leurs relations aux événements plus concrets. Mais alors par là-même vous aurez compris que vous ne pouvez analyser la nature concrète sans abstraire. Aussi je répète que *les abstractions de la science sont des entités qui sont réellement dans la nature, bien qu'elles n'aient pas de signification si on les isole de la nature*[1].

Il apparaît ici clairement que ce que Whitehead nomme « abstraction » et qui tient dans l'ouvrage une place centrale (chapitre 4), n'est pas une pure vue de l'esprit, une simple construction mentale, mais un élément du réel lui-même, *un facteur de fait*; autrement dit l'abstraction intellectuelle ne consiste pas en une addition – l'esprit ajoutant quelque chose de soi à la nature – mais bien en soustractions, en opérations de simplification. Ainsi les particules-événements sont des abstractions, et elles constituent même la limite ultime de notre pouvoir d'abstraction; mais elles ne sont pas des

---

1. Nous soulignons.

fictions : « Être une abstraction ne signifie pas pour une entité n'être rien. Cela signifie seulement que son existence n'est qu'un facteur d'un élément plus concret de la nature ». De même par exemple, pour l'espace et le temps : « En disant que l'espace et le temps sont des abstractions, je ne veux pas dire qu'ils n'expriment pas pour nous des faits réels de la nature. Ce que je veux dire est qu'il n'y a pas de faits spatiaux ou de faits temporels en dehors de la nature physique, ou que l'espace et le temps sont seulement des manières d'exprimer certaines vérités touchant les relations entre événements ». Les abstractions sont des entités naturelles, elles-mêmes réelles, même si le concret est ce qui s'offre à la conscience sensible, pour ainsi dire avant toute abstraction, et consiste en occurrences qui sont elles-mêmes des paquets d'événements finis imbriqués les uns dans les autres, ou plutôt se chevauchant, s'*étendant* les uns sur les autres (« Les événements sont les choses liées par la relation d'extension ») et analysables en particules-événements, qui sont comme des atomes ontiques et non de simples idées.

Si la question de la connaissance n'est pas abordée pour elle-même ici, Whitehead ne laisse pas de se prononcer nettement sur elle. Le réalisme de Whitehead conduit à définir la science comme une investigation dans le réel lui-même : « Les lois de la nature sont le produit des caractères des entités que nous trouvons dans la nature. Les entités étant ce qu'elles sont, les lois doivent être ce qu'elles sont ; et inversement les entités découlent des lois ». Ou encore : « Foin de ces machineries compliquées d'une nature conceptuelle, faite d'affirmations sur des choses qui n'existent pas en vue de communiquer des vérités relatives à des choses qui existent. Je soutiens la position évidente selon laquelle les lois scientifiques, si elles sont vraies, sont des énoncés portant sur des entités dont nous prenons connaissance comme étant dans la nature ; et selon laquelle, si les entités auxquelles les énoncés renvoient ne se trouvent pas dans la nature, les énoncés qui s'y rapportent n'ont de rapport à aucune occurrence purement naturelle ». Et enfin :

> Notre connaissance des caractères particuliers des différents événements dépend de notre pouvoir de comparaison. J'appelle l'exercice de ce facteur dans notre connaissance *récognition*, et la conscience sensible que supposent les caractères comparables, je l'appelle *récognition sensible*. La récognition et l'abstraction s'impliquent essentiellement l'une l'autre. Chacune des deux expose à la connaissance une entité plus pauvre que le fait concret, *mais qui est un facteur réel de ce fait*[1]. Le fait le plus concret susceptible d'être saisi séparément est l'événement. Nous ne pouvons abstraire sans reconnaître, et nous ne pouvons reconnaître sans abstraction. La perception enveloppe l'appréhension de l'événement et la récognition des facteurs de son caractère.

Le plus concret, c'est donc toujours l'événement. Et l'événement, c'est par définition le passage.

> Nous percevons l'unité d'un unique facteur dans la nature ; et ce facteur est quelque chose qui se poursuit ici et maintenant. Par exemple, nous percevons la Grande Pyramide qui se poursuit dans ses relations avec la poursuite des événements environnants de l'Égypte. Nous sommes entraînés, à la fois par le langage, par l'enseignement conventionnel et la commodité qui en résulte, à exprimer nos pensées dans les termes de l'analyse matérialiste, si bien que nous tendons intellectuellement à ignorer la véritable unité du facteur réellement dévoilé dans la conscience sensible. C'est l'unité de ce facteur, retenant en soi le passage de la nature, qui est l'élément concret originairement distingué dans la nature. Ces facteurs originaires sont ce que j'entends par événements.

---

1. Nous soulignons.

Mais la reconnaissance de la réalité naturelle et de sa signification suppose cette abstraction sans laquelle il n'y a pas de récognition ni de perception. C'est pourquoi, si la nature est un procès, le concept de nature, lui, enveloppe une construction extrêmement complexe, dont l'essentiel consiste dans la doctrine de l'espace et du temps. Du passage de la nature, il y a somme toute assez peu à dire, et même il résiste à l'intellection; il est seulement le pur corrélat de la conscience sensible : «La nature est un procès. Comme dans le cas de toute chose directement exhibée dans la conscience sensible, il ne peut y avoir aucune explication de ce caractère de la nature. Tout ce qu'on peut faire, c'est utiliser le langage qui permet de le montrer spéculativement[1], et aussi d'exprimer la relation de ce facteur naturel aux autres facteurs». Le noyau principal du concept de nature constitutif de son ordre physique et géométrique est formé par l'espace et le temps : «C'est à peine plus qu'une exagération pardonnable que de dire que déterminer la signification de la nature se réduit principalement à étudier le caractère du temps et le caractère de l'espace».

L'ESPACE ET LE TEMPS

Si la philosophie naturelle, dans le *Concept de nature*, s'occupe prioritairement de l'espace et du temps, il s'ensuit qu'elle privilégiera la description de l'ordre mathématique de la nature plus que de son ordre physique, ou plutôt qu'elle tentera de ne pas les séparer: tout l'effort de Whitehead semble se ramener à une tentative pour penser la liaison du physique et du géométrique. On ne trouvera que dans *Procès et Réalité* les concepts requis par la description complète de la

---

1. Sur le sens de ce terme, *cf.* chap. 1, p. 35, note 1.

nature : par exemple ceux de *société* ou de *nexus*, sont absents ici. Whitehead indique explicitement que son objectif est ici seulement de s'opposer à la conception traditionnelle de l'espace et du temps en montrant qu'ils sont issus d'une racine commune, l'extension : « Tout l'objet de ces conférences est de faire valoir la thèse que l'espace et le temps ont une racine commune, et que le fait ultime de l'expérience est un fait spatio-temporel ». Thèse encore, on le notera, anti-kantienne, qui consiste en effet à soutenir que l'espace et le temps sont dans les choses mêmes dont l'esprit les abstrait – et non des formes seulement subjectives de l'intuition des choses.

« Le germe de l'espace se trouve dans les relations mutuelles des événements à l'intérieur du fait général qu'est la nature entière actuellement discernable, c'est-à-dire à l'intérieur de l'événement unique qu'est la totalité de la nature présente. Les relations des autres événements à cette totalité de la nature forment la texture du temps ». Le plus concret, c'est donc le passage de la nature, qui est ce qu'il y a d'ultime pour la conscience sensible ; mais le discernement de la nature suppose la récognition et l'abstraction, suppose donc des relations en dehors desquelles l'événement lui-même ne serait rien : « Un événement isolé n'est pas un événement, parce que chaque événement est un facteur d'un tout plus large et signifie ce tout ». L'espace et le temps sont ces relations d'extension tirées par abstraction de la nature : « Partout où et chaque fois que quelque chose se passe, il y a un événement. Bien plus, *partout* et *chaque fois*, en eux-mêmes, présupposent un événement, car l'espace et le temps en eux-mêmes sont des abstractions tirées des événements ».

De la thèse de l'extension comme racine commune de l'espace et du temps, suit essentiellement le rejet de la vision de la nature comme totalité instantanée ; l'espace n'est pas relation entre des choses mais entre des événements et ne saurait donc être dissocié du temps. Il devient impossible de le considérer comme une relation statique entre des objets, de même qu'il devient impossible d'assigner à une entité concrète une position unique.

« Le discernement de la nature est la récognition des objets parmi les événements qui passent ». Comme on a vu qu'il ne saurait y avoir de récognition sans abstraction, l'appréhension de l'espace et du temps suppose une *abstraction extensive*[1] sans laquelle la nature ne serait pas appréhendée. L'effort de

---

1. La méthode de l'abstraction extensive constitue une pièce maîtresse de la philosophie naturelle. Elle montre comment les notions tant de la science que du sens commun se répartissent entre différents types d'espaces généralement confondus : espace-temps, espace instantané, espace intemporel. Les notions géométriques peuvent être décrites en fonction d'éléments abstractifs dont la « signifiance » (*significance*) a sa source dans les données perceptibles dans l'espace et le temps. Whitehead reconnaît lui-même, dans *La science et le monde moderne*, le caractère technique aride de son effort d'explication de l'origine de la géométrie, effort qui se distingue peu de sa tentative pour donner à la relativité un fondement philosophique alternatif à celui d'Einstein. Pour l'essentiel, Whitehead cherche à se passer du recours einsteinien à la géométrie riemannienne, qui rend selon lui impossible la constitution d'une doctrine cohérente de la mesure. C'est pourquoi il s'est efforcé d'élaborer une conception euclidienne de la relativité généralisée (Einstein restait euclidien seulement pour la relativité restreinte). Whitehead semble avoir voulu avant tout préserver par là l'uniformité de la nature. L'abstraction extensive déduit d'abord les propriétés non-métriques de la géométrie euclidienne, c'est-à-dire celles où les notions de mesure et de distance n'entrent pas en ligne de compte ; elles permettent de définir la congruence en six axiomes qui constituent les prémisses de la géométrie métrique. Les deux derniers axiomes concernent le mouvement dans le temps et l'espace. Leur formulation permet d'établir une cinématique qui correspond à la relativité restreinte einsteinienne ; l'interprétation de celle-ci est donc plus géométrique que physique. L'interprétation de Whitehead suppose la distinction du physique et du géométrique, qu'Einstein confond. Pour lui, la géométrie est la science des relations uniformes et la physique celle des relations contingentes. Pour plus de détails, on se reportera à l'ouvrage de Hélal déjà cité.

Whitehead consiste à montrer à la fois comment cette abstraction engendre des illusions et pourtant comment elle parvient à des relations qui *signifient* la réalité même. L'illusion provient de ce qu'inévitablement nous tendons à confondre objet et événement :

> Les événements sont nommés d'après les objets principaux situés en eux, et à la fois dans le langage et la pensée l'événement disparaît derrière l'objet, et devient le simple jeu de ses relations. La théorie de l'espace est ainsi ramenée à une théorie des relations des objets, au lieu d'être une théorie des relations entre événements. C'est pourquoi l'espace conçu comme relation entre des objets est privé de toute relation au temps. Il est l'espace instantané sans aucune relation déterminée entre les espaces successifs. Il ne peut y avoir un unique espace intemporel parce que les relations entre les objets varient.

De même que le point est finalement une classe d'événements, de même l'instant n'est qu'une pure abstraction atteinte à la limite dans les opérations de mesure par exemple ; l'instant est finalement la même chose que la particule-événement : « J'utiliserai le terme *moment* pour signifier *la nature instantanée*. Un moment, au sens où le terme est utilisé ici, n'a aucune extension temporelle, et à cet égard est à opposer à une durée, qui a une telle extension ».

On aurait donc tort de ne vouloir voir dans la doctrine de Whitehead qu'une réfutation des thèses traditionnelles ; elle en est au moins autant l'explication génétique et l'interprétation compréhensive. Mais cela implique l'approfondissement des rapports entre les événements et les objets.

LES OBJETS : L'INGRESSION

Schématiquement, objet et événement s'opposent comme ce qui ne passe pas et ce qui passe ou avance. Par définition, il n'y a pas de récognition de l'événement : « Les objets sont des éléments naturels qui ne passent point. La conscience d'un objet en tant que facteur ne prenant pas part au passage de la nature est ce que j'appelle *récognition*. Il est impossible de reconnaître un événement, parce qu'un événement est essentiellement distinct de tout autre événement ». Toutefois, si l'objet est en un sens en dehors du temps, en un autre, il lui appartient : « Un objet est en un sens en dehors du temps. Il est dans le temps seulement de façon dérivée, par la raison qu'il a cette relation aux événements que j'appelle *situation* ».

L'événement et l'objet se distinguent comme le sensible et l'intelligible platoniciens. Whitehead introduira ultérieurement la distinction entre les objets *éternels* et les objets *persistants*. Les premiers sont pour ainsi dire l'équivalent des Idées platoniciennes ; les seconds supposent l'organisation interne des événements par des formes, et comme la pénétration dans l'éther événementiel de ce qui le rend discernable et signifiant. Tel est le sens de la notion d'ingression, que Whitehead rapprochera de la notion de participation dans *Procès et Réalité*[1] :

> Je me sers du terme *ingression* pour désigner la relation générale des objets aux événements. L'ingression d'un objet dans un événement est la voie par laquelle le caractère de l'événement se forme lui-même en vertu de l'être de l'objet. Ou encore : l'événement est ce qu'il est parce que l'objet est ce qu'il est ; et quand je pense à cette modification de l'événement par l'objet, j'appelle la relation entre les deux *l'ingression de l'objet dans l'événement*. Il est également vrai de dire que les objets sont ce qu'ils sont parce que les événements sont ce qu'ils sont. La nature est ainsi faite qu'il ne peut y avoir d'événements ni d'objets sans ingression des objets dans les événements, bien qu'il y ait des événements dont les objets

1. *Op. cit.*, p. 98.

ingrédients échappent à notre récognition. Ces événements
sont seulement analysés pour nous par l'exploration intellectuelle de la science.

Or, le discernement de la nature ne peut être que la
récognition des objets dans les événements :

> La comparaison peut porter sur deux événements présents, ou
> sur deux événements dont l'un est posé par la conscience mné-
> sique et l'autre par la conscience sensible immédiate. Mais ce
> ne sont pas les événements qui sont comparés. Car chaque
> événement est essentiellement unique et incomparable. Ce qui
> est comparé, ce sont les objets et les relations entre les objets
> situés dans ces événements. L'événement considéré comme
> une relation entre des objets a perdu son passage et sous cet
> aspect est lui-même un objet. Cet objet n'est plus événement
> mais seulement une abstraction intellectuelle.

L'événement étant par essence passage, il est clair que la
récognition ne peut porter sur eux mais seulement sur leurs
caractères; il était donc inévitable que se formassent les
conceptions de la nature qui ont prévalu jusqu'ici et qui pour
l'essentiel résultent d'une confusion entre l'abstrait et le
concret, résumée dans le concept aristotélicien de substance.
On peut dire que la *philosophie de l'organisme* de Whitehead
tient tout entière dans le refus de la définition aristotélicienne
de la substance (« ni affirmé d'un sujet ni présent dans un
sujet »). Si l'on veut appeler substance l'entité actuelle, il faut
considérer ces entités comme des procès ou des résultats et
donc renoncer à la définition classique (ce qui n'a besoin que
de soi pour exister)[1]. Et même finalement sans doute faut-il
renoncer au terme même de substance et le remplacer par
événement.

---

1. Cf. *infra*, p. 45.

Il ne pouvait être question dans cette préface de passer en revue toutes les notions proposées par Whitehead pour reconstruire notre pensée de la nature (cogrédience, rect, punct, aire, etc.). Le *Concept de nature* est un livre souvent aride, où l'effort pour donner à la physique nouvelle sa base spéculative prend la forme d'un exposé mathématique sévère, en dépit du souci affiché par Whitehead d'éviter le recours aux formulations mathématiques. Bergson a bien caractérisé l'auteur de cet ouvrage en le qualifiant de « mathématicien-philosophe ». Whitehead lui-même dit à propos de la représentation sérielle du temps : « Ce que j'ai fait a consisté à *donner des définitions précises de la procédure par laquelle l'abstraction s'effectue*[1]. Cette procédure n'est qu'un cas particulier de la méthode générale que dans mon livre j'appelle la *méthode d'abstraction extensive*. Ce temps sériel n'est évidemment pas le véritable passage de la nature lui-même. Il manifeste quelquesunes des propriétés naturelles qui en découlent. L'état de la nature *à un moment* a évidemment perdu cette qualité ultime du passage. Aussi la série temporelle des moments le conserve seulement comme une relation extrinsèque d'entités, et non comme le produit de l'être essentiel des termes de la série ». Cette citation indique expressément que l'effort de Whitehead est un effort de définition des *voies d'approximation* par lesquelles la recognition de la nature s'effectue : pas de recognition sans abstraction; l'extension est déjà une première abstraction par rapport au concret ultime qu'est le passage de la nature, puisque la réalité est procès, avance. L'espace et le temps marquent encore une abstraction de plus; la congruence, sans laquelle la mesure serait impossible en est une autre figure. Whitehead veut recenser les divers « éléments abstractifs » qui forment l'ordre *systématique* de la nature. Il s'agit de

1. Nous soulignons.

montrer qu'«un élément abstractif est un certain groupe
d'ensembles abstractifs, et que chaque ensemble abstractif est
un ensemble d'événements ».

Sans doute s'agit-il alors de rompre avec des habitudes
invétérées de penser :

> La théorie satisfait ici au véritable propos d'une explication
> intellectuelle dans la sphère de la philosophie naturelle. Ce
> propos est de mettre en évidence des interconnexions natu-
> relles, et de montrer qu'un ensemble de constituants naturels
> requiert pour la mise en évidence de son caractère la présence
> des autres ensembles de constituants.
>
> L'idée fausse dont nous avons à nous débarrasser est celle de
> la nature comme simple agrégat d'entités indépendantes et
> susceptibles d'être prises isolément. Selon cette conception,
> ces entités, dont les caractères sont susceptibles d'être définis
> isolément, se rencontrent et forment par leurs relations acci-
> dentelles le système de la nature. Ce système est ainsi entiè-
> rement accidentel; et, même s'il est assujetti à un destin
> mécanique, il n'y est assujetti qu'accidentellement.
>
> Avec cette théorie l'espace pourrait être sans le temps, et le
> temps pourrait être sans l'espace. Cette théorie, il est vrai,
> s'écroule quand nous arrivons aux relations entre matière et
> espace. La théorie relationnelle admet que nous ne pouvons
> connaître l'espace sans la matière ou la matière sans l'espace.
> Mais la séparation des deux d'avec le temps est toujours jalou-
> sement préservée. Les relations entre portions de matière dans
> l'espace sont des faits accidentels par suite de l'absence
> d'interprétation cohérente du passage de l'espace à la matière
> et du passage de la matière à l'espace. De même ce que nous
> observons réellement dans la nature, couleurs, bruits, contacts,
> sont des qualités secondes; autrement dit, ils ne sont pas la
> nature du tout mais des produits accidentels des relations entre
> nature et esprit.

Texte récapitulatif essentiel qui ramène à l'idée initiale : pas de
philosophie naturelle sans élimination de la bifurcation. Les

concepts nécessaires à la physique ne sont pas des *additions psychiques*; abstraction, encore une fois, signifie au contraire simplification, soustraction; et les interconnexions naturelles sont donc réelles.

Nous donnons ci-après un bref glossaire récapitulant nos choix de traduction. Quand ces choix appellent une explication, le glossaire renvoie à une note reliée au texte.

Nous remercions particulièrement notre collègue Monsieur Michel Malherbe qui nous a encouragé à entreprendre et à mener à terme cette traduction, pour la peine qu'il a prise à la corriger, pour les observations et suggestions qu'il nous a faites.

Que soient remerciés également nos collègues anglicistes, Madame Forlot et Monsieur Lentsch, sans qui nous n'aurions pas su débrouiller seul plus d'un point.

Jean DOUCHEMENT
Septembre 1998

AVERTISSEMENT À LA SECONDE ÉDITION

Le lecteur trouvera ici le texte de la seconde édition de notre traduction du *Concept de Nature*.

Nous n'avons pas voulu revenir sur nos choix de traduction, même si ceux-ci, consignés dans le glossaire, ont été souvent délicats et peuvent appeler des objections. Une telle révision, même limitée, aurait introduit une disparité fâcheuse avec la 1re édition. D'autre part ces choix nous avaient été imposés par le contexte ou le lexique white-headien ; par exemple il a été suggéré que l'expression anglaise *sense awareness* serait mieux rendue en français par « expérience » sensible que par « conscience » sensible ; Merleau-Ponty dans son cours du Collège de France sur Whitehead rend l'expression par « éveil sensible » ; cette solution très suggestive nous semble être déjà plus un commentaire qu'une traduction. Il est toujours possible en isolant une expression de l'ensemble du texte de lui trouver une traduction plus satis-faisante, ou simplement une autre traduction. Le travail du traducteur est soumis à des contraintes qui ne laissent pas toujours ce loisir : ainsi comment traduira-t-on l'anglais *experience* sinon par le français « expérience », si l'on a déjà dépensé ce terme pour traduire *awareness*, et pourquoi ne pas le traduire par «conscience» dans un texte où il arrive que *aware of* ne puisse être rendu autrement que par «conscient de »[1]?

Nous avons corrigé quelques fautes passées inaperçues dans la première édition dont les lecteurs voudront bien nous excuser.

La pagination de l'édition anglaise est donnée en marge.

Les notes de Whitehead sont signalées par une étoile.

Jean DOUCHEMENT
Septembre 2005

---

1. Par exemple p. 42 (p. 6 du texte anglais).

GLOSSAIRE

Abstractive set	ensemble abstractif (*abstrait* traduisant *abstract*; *cf.* chap. 3, p. 79, note 1)
Abstractive element	élément abstractif
All nature	la nature entière
Area	aire
Cogredience, cogredient	cogrédience, cogrédient (*cf.* chap. 3, p. 71, note 4)
Convergence, converge	convergence, converger
Event	événement
Event-particle	particule-événement
Extending, extend over	recouvrement, recouvrir
Ingression, ingredient	ingression, ingrédient
Instant	instant
Instantaneous	instantané
Intimate	profond
Level	palier
Moment	moment
Momentary	momentané
Momental	momentuel (*cf.* chap. 5, p. 112, note 1 et p. 123, note 1)

Place	lieu (on a gardé en français le latin *locus* quand Whitehead l'emploie, particulièrement au chap. 5)
Plane	plan
Point-flash	éclair-ponctuel
Objective	terme (introduit par nécessité, puisqu'il fallait réserver le terme *objet* en français pour l'anglais *object*), à ne pas confondre avec *terminus,* en latin dans le texte anglais
Occurrence	occurrence, apparition
Occur	apparaître
Overlap	chevaucher
Point-track	trace
Rect	rect
Route	voie
Significance	signifiance
Speculation, speculative	spéculation (*cf.* chap. 1, p. 35, note 1)
Ultimate	ultime, fondamental
The whole of nature	le tout de la nature (expression utilisée aussi pour traduire *All of nature*, employé une seule fois par Whitehead)

On a conservé sans les traduire les termes latins utilisés par Whitehead comme des mots anglais : *terminus, termini; relatum, relata, locus,* etc.

LE CONCEPT DE NATURE

Conférences Tarner
prononcées à
Trinity College
Novembre 1919

Le contenu de ce livre fut à l'origine prononcé à Trinity College à l'automne 1919, comme cours inaugural des conférences Tarner. La maîtrise de conférences Tarner est une fonction non-régulière fondée grâce à la générosité de M. Edward Tarner. Il incombera à chacun des détenteurs successifs du poste de prononcer un cours sur « la Philosophie des Sciences et les relations, ou le défaut de relations entre les différents départements de la connaissance ». Le présent livre renferme la tentative du premier conférencier de la série pour remplir sa tâche.

Ces chapitres ont conservé leur forme originale de conférences et demeurent tels qu'ils ont été prononcés, à l'exception de modifications mineures destinées à éliminer des obscurités d'expression. La forme de la conférence a l'avantage de donner à penser à un auditoire possédant un acquis mental donné, que la conférence a pour propos de modifier d'une manière spécifique. Dans la présentation d'une perspective nouvelle aux larges ramifications, une communication linéaire allant de prémisses à des conclusions, ne fournit pas d'intelligibilité suffisante. Votre auditoire interprétera tout ce que vous direz en fonction de sa perspective antérieure. Pour cette raison, les deux premiers chapitres et les deux derniers sont essentiels à l'intelligibilité, bien qu'ils n'ajoutent guère à l'exposé pour qu'il soit formellement complet. Leur fonction est d'empêcher le lecteur de poursuivre des conceptions erronées en s'engageant sur de fausses pistes. La même raison me dicte d'éviter la terminologie technique existante en |philosophie. La philosophie naturelle moderne est tout entière touchée par l'erreur de la bifurcation examinée dans le second chapitre de cet ouvrage. C'est pourquoi tous ses termes techniques présupposent d'une manière plus ou moins subtile une incompréhension de mes thèses. Autant dire peut-être explicitement que si le lecteur cède au vice facile de la bifurcation, pas un mot de ce que j'ai écrit ne lui sera intelligible.

VI

Les deux derniers chapitres n'appartiennent pas au cours proprement dit. Le chapitre VIII est une conférence prononcée au printemps de 1920 devant la Société de Chimie des Étudiants du Collège Impérial de Science et Technologie. On l'a ajouté ici parce qu'il forme une récapitulation appropriée de la doctrine du livre, adaptée à un auditoire ayant un type défini de perspective.

Ce volume sur *Le Concept de nature* constitue un livre indissociable de mon précédent ouvrage, *Enquête sur les principes de la connaissance naturelle*. Chaque livre peut être lu séparément, mais ils se complètent l'un l'autre. Pour une part, le présent livre remédie à des omissions du précédent ; pour une autre, il parcourt le même terrain en l'exposant d'une autre manière. D'un côté, la notation mathématique a été soigneusement évitée et on a tenu pour établis les résultats des déductions mathématiques. Certaines explications ont été amendées et d'autres placées dans un éclairage nouveau. D'un autre côté, des points importants de l'ouvrage précédent ont été passés sous silence là où je n'avais rien de neuf à en dire. Au total, alors que l'ouvrage antérieur se fondait principalement sur des idées directement tirées de la |physique mathématique, le présent livre se limite plus étroitement à certains

VII

domaines de philosophie et de physique, et exclut les mathématiques. Les deux ouvrages se rejoignent dans leurs approches de certaines particularités de l'espace et du temps.

Je n'ai pas le sentiment que mes vues aient changé en rien. Elles ont reçu ici certains développements. Ceux qui sont susceptibles d'une exposition non mathématique ont été incorporés au texte. Les développements mathématiques sont évoqués dans les deux derniers chapitres. Ils concernent l'adaptation des principes de la physique mathématique à la forme du principe de la Relativité, principe ici confirmé. On a adopté la méthode d'utilisation de la théorie des tenseurs propre à Einstein, mais son application est mise en œuvre dans des directions différentes et en partant de postulats différents. Ceux de ses résultats qui ont été vérifiés par l'expérience, sont retrouvés aussi par mes méthodes. La divergence entre nous vient surtout du fait que je n'accepte pas sa théorie de la non-uniformité de l'espace ou son postulat sur le caractère fondamental particulier des signaux lumineux. Cependant je ne voudrais pas, suite à un malentendu, être jugé incapable d'apprécier la valeur de son récent ouvrage sur la relativité généralisée, qui a le haut mérite d'être le premier à ouvrir la voie sur laquelle la physique mathématique devrait s'avancer, éclairée par le principe de Relativité. Mais j'estime qu'il a enfermé le développement de sa brillante méthode mathématique dans les bornes étroites d'une très douteuse philosophie.

L'objet du présent volume et du précédent est de jeter les bases d'une philosophie naturelle, préalable nécessaire à une réorganisation de la |physique spéculative. L'assimila- **VIII** tion générale de l'espace et du temps qui domine la pensée constructive, peut revendiquer le soutien indépendant de Minkovski ainsi que de ses successeurs relativistes du côté de la science, tandis que du côté des philosophes, c'était, je crois, un thème des conférences du Professeur Alexander Gifford, prononcées il y a quelques années mais non encore publiées. Il a également résumé ses conclusions sur la question dans une conférence à la Société Aristotélicienne en Juillet 1918. Depuis la publication de l'*Enquête sur les principes de la connaissance naturelle*, j'ai eu le privilège de lire *Perception, physique et réalité* de M. C. D. Broad (Cambridge University Press, 1914). Ce livre précieux m'a aidé dans l'étude contenue dans mon chapitre II, bien que j'ignore dans quelle mesure M. Broad pourrait accepter tous mes arguments tels qu'ils sont formulés.

Il me reste à remercier l'équipe d'University Press, ceux qui ont composé, ceux qui ont lu les épreuves, employés et direction, non seulement pour l'excellence technique de leur travail, mais pour la manière dont ils ont œuvré ensemble afin de me satisfaire.

A. N. W.
Collège Impérial de Science et Technologie
Avril 1920

NATURE ET PENSÉE

Le sujet des conférences Tarner est déterminé par leur fondateur comme devant être « La Philosophie des sciences et les relations, ou le manque de relations entre les différentes parties de la connaissance ». Il convient de s'attarder un moment dans la première conférence de cette nouvelle fondation sur les intentions du donateur telles qu'elles sont exprimées dans cette définition; et je le fais d'autant plus volontiers que je pense pouvoir introduire par là les thèmes auxquels le présent cours doit être consacré.

Nous sommes justifiés, je crois, à prendre le second membre de la définition comme expliquant partiellement le premier. Qu'est-ce que la Philosophie des sciences? Ce n'est pas mal répondre que de dire que c'est l'étude des relations entre les différentes parties de la connaissance. Ensuite, avec un souci remarquable de la liberté de la recherche, la définition introduit, après le mot *relations*, l'expression *manque de relations*. L'insuffisance des relations entre sciences constituerait en soi une philosophie des sciences. Mais nous ne pouvons nous soustraire ni à l'une, ni à l'autre proposition. Ce n'est pas toute relation entre sciences qui entre dans cette philosophie. Par exemple, la biologie et la physique sont liées par l'usage du microscope. Toutefois, je peux affirmer en toute sûreté qu'une description technique des usages du microscope en biologie n'est pas une partie de la philosophie des sciences. D'ailleurs, **2** vous ne pouvez renoncer au second | membre de la définition, c'est-à-dire à cette référence aux relations entre les sciences, sans renoncer à la référence explicite à un idéal en l'absence duquel la philosophie doit dépérir faute d'intérêt intrinsèque. Cet idéal consiste à atteindre quelque concept unificateur qui permette de placer dans des relations déterminées sous lui, tout ce qui est donné à la connaissance, au sentiment et à l'émotion. Cet idéal éloigné est la puissance motrice de la recherche philosophique et s'impose même quand vous le rejetez. Le pluraliste en philosophie est un strict logicien; l'Hégélien se nourrit des contradictions grâce à son absolu; le théologien musulman s'incline devant le vouloir créateur d'Allah; et le pragmatiste avalera n'importe quoi du moment que cela *marche*.

L'évocation de ces vastes systèmes et des controverses séculaires dont ils sont issus, nous invite à nous limiter. Notre tâche est la plus simple de la philosophie des sciences. Une science a maintenant acquis une certaine unité qui est la vraie raison pour laquelle ce corps de connaissances a été instinctivement reconnu comme formant une science. La philosophie d'une science est l'effort pour exprimer explicitement ces caractéristiques unificatrices qui animent ce complexe de pensées et en font une science. La philosophie des sciences – conçue comme une – est l'effort pour présenter toutes les sciences comme une science, ou – en cas d'échec – la réfutation d'une telle possibilité.

Je ferai encore une simplification de plus, et limiterai mon attention aux sciences naturelles, c'est-à-dire aux sciences dont l'objet est la nature. En postulant un objet commun à ce groupe de sciences, on présuppose par là même une philosophie unificatrice de la science naturelle.

| Qu'entendons-nous par nature ? Nous avons à étudier la **3** philosophie de la science naturelle. La science naturelle est la science de la nature. Mais : qu'est-ce que la nature ?

La nature est ce que nous observons dans la perception par les sens. Dans cette perception sensible nous avons conscience de quelque chose qui n'est pas la pensée et qui est autonome par rapport à la pensée[1]. Cette propriété d'être autonome par rapport à la pensée est à la base de la science naturelle. Elle signifie que la nature peut être pensée comme un système clos dont les relations mutuelles n'exigent pas l'expression du fait qu'elles sont objets de pensée.

Ainsi la nature est en un sens indépendante de la pensée. Cette affirmation n'est l'expression d'aucune intention métaphysique. Ce que je veux dire, c'est que nous pouvons penser sur la nature sans penser sur la pensée. Je dirai qu'alors notre pensée de la nature est *homogène*.

Il est évidemment possible de penser sur la nature sans séparer cette pensée de la pensée du fait que la nature est objet de pensée. Dans ce cas je dirai que notre pensée de la nature est *hétérogène*. En fait au cours des dernières minutes, notre pensée de la nature était hétérogène. La science naturelle n'a à voir qu'avec des pensées homogènes sur la nature.

Mais la perception sensible contient un élément qui n'est pas la pensée. Savoir si la perception sensible enveloppe la pensée est une question psychologique difficile ; et si oui, quel est le genre de pensée qu'elle enveloppe nécessairement. Notez qu'il a été énoncé ci-dessus que la perception sensible est la conscience de quelque chose qui n'est pas la pensée. Ou encore : la nature n'est pas la pensée. Mais ceci est une

---

1. *Self-contained for thought.*

question différente de celle de savoir si le fait de la perception sensible contient un facteur qui n'est pas la pensée. Je
4 nomme ce facteur *conscience sensible*[1]. Donc | la doctrine
selon laquelle la science naturelle a à voir exclusivement avec
des pensées homogènes sur la nature, n'entraîne pas immédiatement la conclusion que la science naturelle n'a pas à voir
avec la conscience sensible.

Cependant je pose ce nouvel énoncé : bien que la science
naturelle s'occupe de la nature, laquelle est le *terminus* de la
perception sensible, elle ne s'occupe pas de la conscience
sensible elle-même.

Je reprends le fil principal de cet argument en le
développant dans plusieurs directions.

La pensée de la nature est autre chose que la perception
sensible de la nature. D'où le fait que la perception sensible
comporte un ingrédient[2] ou facteur qui n'est pas la pensée. Je
nomme cet ingrédient conscience sensible. Il est indifférent
à ma thèse que la perception sensible ait ou non la pensée
comme autre ingrédient. Si la perception sensible n'enveloppe
pas la pensée, alors conscience sensible et perception sensible
se confondent. Mais ce qui est perçu est perçu comme une
entité qui est le *terminus* de la conscience sensible, quelque
chose qui pour la pensée est au-delà du fait de cette conscience
sensible. En outre ce qui est perçu ne contient certainement pas
d'autres consciences sensibles différentes de la conscience
sensible qui entre comme ingrédient dans cette perception.
C'est pourquoi la nature en tant qu'elle est dévoilée dans la
perception sensible est autonome en tant que vis-à-vis de la
conscience sensible, et pas seulement autonome en tant que

---

1. *Sense-awareness.*
2. Le chap. 7 donnera une valeur précise à ce terme.

vis-à-vis de la pensée. J'exprimerai encore cette autonomie de
la nature en disant que la nature est voilée [1] à l'esprit.

Cette clôture [2] de la nature n'implique aucune doctrine
métaphysique de la séparation de la nature et de l'esprit. Elle
signifie que dans la perception sensible, la nature est dévoilée [3]
comme un complexe d'entités dont les relations mutuelles
|sont exprimables dans la pensée sans référence à l'esprit,   5
c'est-à-dire sans référence à la conscience sensible ou à la
pensée. Au surplus, je ne souhaite pas être compris comme
supposant que la conscience sensible et la pensée sont les
seules activités à attribuer à l'esprit. Je ne nie pas non plus qu'il
y ait des relations d'entités naturelles à l'esprit, ou à des
esprits, autres que celles formant les *termini* de la conscience
sensible des esprits. C'est pourquoi j'étendrai la signification
des expressions *pensées homogènes* et *pensées hétérogènes*,
introduites plus haut. Notre pensée de la nature est *homogène*
quand nous y pensons sans penser à la pensée ou à la
conscience sensible, et notre pensée de la nature est *hétérogène* quand nous y pensons en pensant conjointement soit à
la pensée, soit à la conscience sensible, soit aux deux.

Je prends aussi l'homogénéité de la pensée de la nature
comme excluant toute référence à des valeurs morales ou
esthétiques dont l'appréhension a une vivacité proportionnelle
à l'activité consciente de soi. Ces valeurs naturelles sont peut-
être la clé de la synthèse métaphysique de l'existence. Mais
pareille synthèse est exactement ce à quoi je ne m'essaye pas
ici. Je m'occupe exclusivement des généralisations de très

---

1. *Closed to the mind*: nous choisissons de traduire *closed* par *voilé*, et
disclose par *dévoiler*, et non par *clos*, puisque *déclore* et *déclos* nous ont paru
trop aventurés.

2. *Closure*: impossible de rendre le jeu de mots anglais; il faudrait inventer
voilement (*cf.* p. 33, note 3) ou traduire *disclose* par *déclore*.

3. *Disclosed*.

large portée qui peuvent être faites touchant ce qui est connu de nous comme étant ce que la conscience sensible livre directement.

J'ai déjà dit que la nature est dévoilée dans la perception sensible comme un complexe d'entités. Il importe de considérer ce que nous entendons par une entité à ce propos. *Entité* est simplement le latin équivalent de *chose*, à moins d'introduire entre les mots, à des fins techniques, une distinction arbitraire. Toute pensée doit se rapporter à des choses. Nous pouvons acquérir une idée de cette nécessité des choses pour la **6** |pensée en examinant la structure de la proposition.

Supposons une proposition communiquée par un destinateur à un destinataire. Une telle proposition est composée d'expressions, les unes démonstratives, les autres descriptives.

Par expression démonstrative j'entends une expression qui donne au destinataire conscience d'une entité d'une manière qui est indépendante de l'expression démonstrative utilisée. Comprenez que je n'utilise pas ici *démonstratif* dans son sens logique, mais dans le sens où un conférencier montre à l'aide d'une grenouille et d'un microscope la circulation du sang devant une classe élémentaire d'étudiants en médecine. J'appellerai une telle démonstration, démonstration *spéculative*, me rappelant de l'emploi par Hamlet du mot *spéculation*, quand il dit :

Il n'y a nulle spéculation dans ces yeux [1].

---

1. Il semble qu'ici Whitehead soit trompé par sa mémoire. On trouve, non dans *Hamlet*, mais dans *Macbeth* (Acte III, scène 4, vers 95) l'expression : « Thou hast no speculation in those eyes », qui signifie : tes yeux ne *réfléchissent* rien, il n'y a aucun reflet dans tes yeux (« pas de regard dans ces yeux » traduit Maeterlink, par exemple). Les acceptions communes du terme en anglais étant les mêmes qu'en français, il nous a semblé qu'en français l'on

Ainsi une expression démonstrative démontre une entité spéculativement. Il peut arriver que le destinateur ait voulu signifier une autre entité – c'est-à-dire que l'expression démontre pour lui une entité différente de celle qu'elle démontre au destinataire. Dans ce cas, il y a confusion; car il y a deux propositions différentes, une proposition pour le destinateur et une pour le destinataire. Je laisse de côté cette éventualité comme sans rapport avec notre étude, bien qu'en pratique il puisse être difficile à deux personnes de s'accorder exactement à considérer la même proposition, ou même pour une personne de déterminer exactement la proposition qu'elle-même considère.

En outre l'expression démonstrative peut échouer à démontrer une entité donnée. Dans ce cas, il n'y a aucune proposition | pour le destinataire. Je crois que nous pouvons **7** supposer (peut-être imprudemment) que le destinateur sait ce qu'il veut dire.

Une expression démonstrative est un geste. Elle n'est pas elle-même un constituant de la proposition, mais l'entité qui est montrée est un tel constituant. Vous pouvez trouver à redire à une expression démonstrative si d'une manière ou d'une autre vous la trouvez détestable; mais si elle démontre la bonne entité, la proposition n'est pas affectée malgré l'offense faite à votre goût. Le pouvoir suggestif de la forme expressive [1] est une part de la qualité littéraire de la phrase qui communique la proposition. C'est pourquoi une phrase communique directement une proposition; tandis que sa forme suggère obscu-

---

pouvait ou même devait, comme Whitehead, faire fond sur la valeur étymologique du mot, plutôt que de chercher des traductions (réflexion, reflet) qui font perdre quelque chose du style terminologique de Whitehead : il nous a semblé qu'on ne gagnerait pas grand chose à traduire par exemple *speculative* par *réflexif*.

1. *Phraseology*.

rément d'autres propositions chargées de valeur émotionnelle. Nous parlons ici de la seule proposition directement communiquée, quelle que soit sa forme expressive.

Cette doctrine est obscurcie du fait que dans beaucoup de cas, ce qui dans la forme est seulement une partie du geste démonstratif, est en fait une partie de la proposition qu'on désire communiquer directement. Dans ce cas nous dirons que la forme expressive de la proposition est elliptique. Dans les échanges ordinaires la forme expressive de presque toutes les propositions est elliptique.

Prenons quelques exemples. Supposez que le destinateur est à Londres, disons à Regent's Park, dans le collège Bedford, le grand collège féminin situé dans ce parc. Il parle dans le hall du collège et dit :

Ce (*this*) bâtiment de collège est spacieux.

L'expression *bâtiment de collège* est une expression démonstrative. Supposez maintenant que le destinataire réponde :

Ce (*this*) n'est pas un bâtiment de collège, c'(*it*) est la cage au lion au zoo.

Alors, en admettant que la proposition originale du 8 destinateur | n'ait pas été enfermée dans une forme expressive elliptique, ce dernier s'en tient à sa proposition originale en répliquant :

En tout cas, c'(*it*) est spacieux.

Notez que la réponse du destinataire accepte la démonstration spéculative de l'expression *bâtiment de collège*. Il ne dit pas : « Que voulez-vous dire ? ». Il accepte l'expression comme montrant une entité, mais déclare que cette même entité est la cage au lion du zoo. Dans sa réplique, le destinateur, à son tour, reconnaît le succès de son geste initial de démonstration spéculative, et écarte la question de l'à propos de son mode de suggestion, par un *en tout cas*. Mais il est maintenant en mesure de répéter la proposition d'origine à l'aide d'un geste démonstratif dépouillé de toute suggestivité, pertinente ou non, en disant :

C'(*it*) est spacieux.

Le *Ce* de cet énoncé final présuppose que la pensée s'est saisie de l'entité comme d'un simple terme [1] à considérer.

Nous nous limitons aux entités dévoilées dans la conscience sensible. L'entité est dévoilée comme un *relatum* dans le complexe qu'est la nature. L'observateur en prend conscience à cause de ses relations; mais elle est, dans sa propre et simple individualité, un objectif pour la pensée. La pensée ne peut procéder autrement; en effet elle ne peut procéder sans le simple *Ce* idéal, montré spéculativement. En établissant ainsi l'entité comme simple terme, on ne lui attribue pas une existence séparée du complexe dans lequel elle a été découverte par la conscience sensible. Ce qui est un *ce* pour la pensée est essentiellement un *relatum* pour la conscience sensible.

Il se peut que le dialogue sur le bâtiment de collège prenne une autre forme. Quoiqu'ait voulu dire à | l'origine le desti- **9** nateur, presque certainement maintenant son énoncé initial lui paraîtra enfermé dans une forme elliptique, et il explicitera ce qu'il voulait dire :

Ceci est un bâtiment de collège et est spacieux.

Ici l'expression démonstrative ou le geste qui montre le *Ce* (*it*) qui est spacieux, a été ramenée maintenant à *ceci (this)*; et l'expression atténuée, dans les circonstances où elle est émise,

---

1. *Bare objective*.

suffit au propos d'une démonstration correcte. Ce qui souligne que la forme verbale n'est jamais toute la forme expressive de la proposition; cette forme inclut aussi les circonstances générales de sa production. Ainsi le but d'une expression démonstrative est de présenter un *ce* défini comme un simple terme de pensée; mais le *modus operandi* d'une expression démonstrative doit produire une conscience de l'entité comme corrélât particulier dans un complexe annexe, choisi seulement pour le besoin de la démonstration spéculative et sans rapport avec la proposition. Par exemple, dans le dialogue ci-dessus, collèges et bâtiments, en tant que reliés au *ce* montré spéculativement dans l'expression *ce bâtiment de collège*, pose ce *ce* dans un complexe annexe qui est sans rapport avec la proposition :

> *C'*est spacieux.

Évidemment dans le langage, toute expression est constamment elliptique au plus haut point. C'est pourquoi la phrase :

> *Ce* bâtiment de collège est spacieux.

signifie probablement :

> *Ce* bâtiment de collège est spacieux en tant que bâtiment de collège.

Mais il apparaît que dans la discussion ci-dessus, nous pouvons remplacer *spacieux* par *spacieux en tant que bâtiment de collège*, sans changer notre conclusion; bien que nous
10 puissions conjecturer que le destinataire, qui pensait | être dans la cage au lion du zoo, soit moins susceptible de donner son accord à :

> En tout cas, *c'*est spacieux en tant que bâtiment de collège.

Un cas plus évident d'expression elliptique apparaît si le destinateur s'adresse au destinataire par une remarque comme :

Ce criminel est votre ami.

Le destinataire pourrait répondre :

Il est mon ami et vous proférez une insulte.

Ici le destinataire suppose que l'expression *ce criminel* est elliptique et non purement démonstrative. En fait, la pure démonstration est impossible quoiqu'elle soit l'idéal de la pensée. L'impossibilité pratique de la démonstration est une difficulté qui apparaît dans la communication de la pensée et dans la conservation de la pensée. En effet, une proposition relative à un facteur particulier dans la nature, ne peut jamais ni être exprimée pour autrui, ni conservée en vue d'être considérée à nouveau, sans l'aide de complexes annexes sans rapport avec elle.

Je passe maintenant aux expressions descriptives. Le destinateur dit :

Un collège situé dans Regent's Park est spacieux.

Le destinataire connaît bien Regent's Park. L'expression *un collège dans Regent's Park* est pour lui descriptive. Si sa forme expressive n'est pas elliptique, ce qui dans la vie courante se produira certainement d'une manière ou d'une autre, la proposition signifie simplement :

Il y a une entité qui est un bâtiment de collège dans Regent's Park et qui est spacieuse.

Si le destinataire répond :

La cage au lion du zoo est le seul bâtiment spacieux dans Regent's Park.

il contredit alors le destinateur, en supposant qu'un abri pour lion au zoo n'est pas un bâtiment de collège.

11 | Ainsi, tandis que dans le premier dialogue, le destinataire s'oppose au destinateur sans le contredire, dans ce dialogue-ci il le contredit. Ainsi une expression descriptive fait partie d'une proposition qu'elle aide à exprimer, tandis qu'une expression démonstrative ne fait pas partie de la proposition qu'elle aide à exprimer.

De plus, le destinateur pourrait se trouver dans Green Park – où il n'y a aucun bâtiment de collège – et dire :

Ce bâtiment de collège est spacieux.

Probablement aucune proposition ne serait reçue par le destinataire parce que l'expression démonstrative :

Ce bâtiment de collège

échoue dans sa démonstration en raison de l'absence du donné de conscience sensible qu'il présuppose.

Mais si le destinateur avait dit :

Un bâtiment de collège dans Green Park est spacieux,

le destinataire aurait reçu une proposition, mais fausse.

Le langage est d'ordinaire ambigu et il est imprudent de poser des assertions générales quant à ses significations. Mais les expressions qui commencent par *ceci* ou *cela* sont ordinairement démonstratives, tandis que celles qui commencent par *le* ou *un* sont souvent descriptives. En étudiant la théorie de l'expression propositionnelle, il importe de se rappeler la grande différence qui sépare les modestes mots analogues *ceci* et *cela* d'un côté, et *un* ou *le* de l'autre. La phrase

Le bâtiment de collège dans Regent's Park est spacieux.

signifie, selon l'analyse que Bertrand Russell fut le premier à faire,

Il existe une entité qui a) est un bâtiment de collège dans Regent's Park, b) est spacieuse, c) est telle | que tout bâtiment **12** de collège dans Regent's Park lui est identique.

Le caractère descriptif de l'expression *le bâtiment de collège dans Regent's Park* est ainsi évident. De même la proposition est niée quand est nié l'un de ses trois composants ou quand est niée une combinaison quelconque de ces composants. Si nous avions substitué *Green Park* à *Regent's Park*, il en serait résulté une proposition fausse. De même la construction d'un second collège dans Regent's Park rendrait la proposition fausse, bien que dans la vie ordinaire le sens commun la traiterait poliment comme une simple ambiguïté.

L'Iliade est pour un lettré classique une expression ordinairement démonstrative; car elle désigne [1] pour lui un poème familier. Mais pour la majorité des hommes l'expression est descriptive, c'est-à-dire synonyme de l'expression *Le poème nommé l'Iliade*.

Les noms peuvent être des expressions soit démonstratives, soit descriptives. Par exemple, *Homère* est pour nous une expression descriptive, car ce mot signifie avec une légère différence dans ce qu'il suggère, *l'homme qui écrivit l'Iliade*.

Cette analyse démontre que la pensée place devant elle des termes simples, des entités comme nous les appelons, que l'activité pensante habille de l'expression de leurs relations mutuelles. La conscience sensible révèle le fait par le moyen de facteurs qui pour la pensée sont ces entités. La séparation distincte d'une entité dans la pensée n'est pas une assertion métaphysique, mais une procédure méthodique nécessaire pour l'expression finie de propositions individuelles. En dehors de ces entités, il ne pourrait y avoir aucune vérité finie;

---

1. *Demonstrate.*

elles sont le moyen par lequel la pensée échappe à l'infini de
l'impertinence.

Récapitulons : les *termini* de la pensée sont des entités
13 | originairement dotées d'individualité simple, secondaire-
ment dotées de propriétés et relations qui leur sont attribuées
par la procédure de la pensée ; les *termini* de la conscience
sensible sont des facteurs du fait de la nature, qui sont originai-
rement des *relata*, et seulement secondairement discernés
comme des individualités distinctes.

Aucune caractéristique de la nature posée immédiatement
par la conscience sensible devant la connaissance, ne peut être
élucidée. Elle est impénétrable à la pensée, en ce sens que son
caractère essentiel particulier qui entre dans l'expérience par
la conscience sensible, est pour la pensée le pur gardien de son
individualité comme entité simple. Ainsi pour la pensée, *rouge*
est simplement une entité définie, bien que pour la conscience
rouge ait pour contenu son individualité. La transition du
rouge de la conscience au *rouge* de la pensée s'accompagne
d'une perte définie de contenu, qui est celle de la transition du
facteur *rouge* à l'entité *rouge*. Cette perte dans la transition à la
pensée est compensée par le fait que la pensée est commu-
nicable tandis que la conscience sensible est incommunicable.

Ainsi il y a trois composantes dans notre connaissance de
la nature : le fait, les facteurs et les entités. Le fait est le terme
indifférencié de la conscience sensible ; les facteurs sont les
termes de la conscience sensible, différenciés comme éléments du fait ; les entités sont les facteurs dans leur fonction de
termini de la pensée. Les entités dont il est question ici sont les
entités naturelles. La pensée est plus vaste que la nature, si bien
qu'il y a des entités pour la pensée qui ne sont pas des entités
naturelles.

Quand nous parlons de la nature comme d'un complexe
d'entités corrélatives, ce *complexe* est un fait en tant qu'entité

pour la pensée, à l'individualité simple de laquelle appartient la propriété d'embrasser dans sa complexité les entités naturelles. Nous avons pour tâche d'analyser cette conception et l'espace et le temps devraient apparaître au cours de cette analyse. Évidemment | les relations entre entités naturelles **14** sont elles-mêmes des entités naturelles, c'est-à-dire sont aussi facteurs de fait, donnés à[1] la conscience sensible. C'est pourquoi la structure du complexe naturel ne peut jamais être complètement pensée, exactement comme les facteurs du fait ne peuvent jamais être épuisés dans la conscience sensible. Notre connaissance de la nature a pour caractère essentiel d'être incomplète. De même la nature n'épuise pas le contenu de la pensée, car il y a des pensées qui ne pourraient se présenter dans aucune pensée homogène de la nature[2].

La question de savoir si la perception sensible enveloppe la pensée est largement verbale. Si la perception sensible enveloppe une cognition de l'individualité abstraite de la position actuelle de l'entité comme facteur dans le fait, alors elle doit indubitablement envelopper la pensée. Mais si elle est conçue comme conscience sensible d'un facteur dans le fait, capable de provoquer une émotion et une action intentionnelle sans cognition supplémentaire, alors elle n'enveloppe pas la pensée. Dans ce cas, le terme de la conscience sensible est quelque chose pour l'esprit, mais n'est rien pour la pensée. La perception sensible dans certaines formes inférieures du vivant peut être supposée tendre ordinairement vers ce caractère. De même à l'occasion, notre propre perception sensible,

---

1. L'anglais est grammaticalement ambigu : *Factors of fact, there for sense-awareness* (mot à mot : facteurs de fait, là pour la conscience sensible); mais les définitions ci-dessus imposent le sens : les termes immédiats de la conscience sensible sont les facteurs.

2. On ne rend pas ici le jeu sur les mots *unexhaustiveness* (incomplétude) et *exhaust* (épuiser).

dans les moments où l'activité pensante s'est laissée bercer jusqu'au repos, n'est pas loin d'approcher cette limite idéale.

Le processus de discrimination dans la conscience sensible a deux côtés distincts. Il y a la discrimination du fait en parties, et la discrimination d'une partie du fait en tant qu'elle manifeste des relations à des entités qui ne sont pas des parties du fait, bien qu'elles en soient des ingrédients. En effet le fait immédiat pour la conscience sensible est l'occurrence entière de la nature. C'est la nature comme événement présent pour la conscience sensible, et dont l'essence est de passer. La nature

15 | ne peut être rendue immobile et ensuite regardée. Nous ne pouvons redoubler nos efforts pour amender notre connaissance du *terminus* de notre conscience sensible présente ; l'occasion de recueillir le bénéfice de cette bonne résolution vient ensuite, dans la conscience sensible qui suit. Ainsi le fait ultime pour la conscience sensible est un événement. Cet événement total est divisé par nous en événements partiels. Nous avons conscience d'un événement qui est notre vie corporelle, d'un événement qui est le cours de la nature dans cette pièce, et d'un agrégat d'autres événements partiels, perçu confusément. Telle est la division du fait en parties dans la conscience sensible.

J'utiliserai le terme *partie* dans le sens arbitrairement limité d'un événement qui est une partie du fait total dévoilé dans la conscience.

La conscience sensible nous présente aussi d'autres facteurs dans la nature, qui ne sont pas des événements. Par exemple, le bleu du ciel est vu comme situé dans un certain événement. Cette relation de situation réclame un examen supplémentaire qui viendra dans une conférence ultérieure. Le point qui m'occupe maintenant est que le bleu du ciel se trouve dans la nature, avec une implication définie, dans les événements sans être lui-même un événement. C'est pourquoi outre les événements, il existe dans la nature d'autres facteurs directement dévoilés dans la conscience sensible. Cette conception dans la pensée de tous les facteurs de la nature comme entités distinctes ayant des relations naturelles définies, est ce que j'ai appelé ailleurs * la *diversification de la nature*.

Une conclusion générale est à tirer de l'examen qui précède. C'est que la première tâche d'une philosophie de la science devrait être une classification générale des entités qui nous sont dévoilées dans la conscience sensible.

Parmi les exemples d'entités s'ajoutant aux *événements* dont nous sommes servis comme illustrations, il y a le bâtiment | de Bedford College, Homère et le bleu du ciel. Évidem- **16** ment ce sont des espèces très différentes de choses; et il est vraisemblable que les énoncés produits à propos d'une sorte d'entité ne sont pas vrais à propos des autres. Si la pensée humaine procédait selon la méthode régulière que lui suggère la logique abstraite, nous pourrions aller plus loin et dire qu'une classification des entités naturelles serait le premier pas de la science elle-même. Peut-être serez vous portés à répondre que cette classification est acquise, et que la science a à s'occuper des aventures des entités matérielles dans l'espace et le temps.

L'histoire de la doctrine de la matière reste néanmoins à écrire. C'est l'histoire de l'influence de la philosophie grecque sur la science. Cette influence a entraîné une longue méprise sur le statut métaphysique des entités naturelles. L'entité a été séparée du facteur qui est le *terminus* de la conscience sensible. Elle est devenue le substrat de ce facteur, et le facteur s'est dégradé en attribut de l'entité. C'est de cette manière qu'une distinction a été introduite dans la nature, qui en vérité n'est pas du tout une distinction. Considérée en elle-même, une

* Cf. *Enquête*.

entité naturelle est simplement un facteur de fait. Sa séparation d'avec le complexe qu'est le fait est une pure abstraction. Elle n'est pas le substrat du facteur, mais le facteur lui-même isolé [1] dans la pensée. Ainsi ce qui est seulement une procédure de la pensée, dans la transition de la conscience sensible à la connaissance discursive, a été transformé en un caractère fondamental de la nature. C'est de cette façon que la matière émerge comme substrat métaphysique de ses propriétés, et que le cours de la nature est alors interprété comme histoire de la matière.

Platon et Aristote trouvèrent la pensée grecque préoccupée par la recherche de substances simples dans les termes **17** | desquels le cours des événements pourrait être exprimé. Nous pouvons formuler cet état d'esprit dans la question : de quoi la nature est-elle faite ? Les réponses que leurs génies donnèrent à cette question, et plus particulièrement les concepts qui sous-tendent les termes dans lesquels ils construisirent leurs réponses, ont déterminé les présupposés incontestés qui ont régné sur la science, comme le temps, l'espace et la matière.

Chez Platon, les formes de la pensée sont plus fluides que chez Aristote, et j'ose pour cela les juger supérieures. Leur importance réside dans le témoignage qu'elles offrent d'une pensée cultivée de la nature, avant que celle-ci ne soit introduite de force dans un moule uniforme par la longue tradition de la philosophie scientifique. Par exemple, on trouve dans le *Timée* le pressentiment assez vaguement exprimé d'une distinction entre le devenir général de la nature et le temps mesurable de la nature. Dans une conférence ultérieure, j'aurai à distinguer entre ce que j'appelle le passage de la nature et les systèmes temporels particuliers qui manifestent certains caractères de ce passage. Je n'irai pas jusqu'à invoquer Platon

---

1. *Bared.*

à l'appui de cette doctrine, mais je crois réellement que les sections du *Timée* qui traitent du temps deviennent plus claires si l'on admet ma distinction.

Ceci est toutefois une digression. Ce qui m'occupe pour l'instant est l'origine de la doctrine scientifique dans la pensée grecque. Dans le *Timée*, Platon affirme que la nature est faite de feu et de terre, l'air et l'eau s'y ajoutant comme intermédiaires, de sorte que « le feu est à l'air comme l'air est à l'eau, et l'air à l'eau comme l'eau à la terre ». Il suggère aussi une hypothèse moléculaire pour ces quatre éléments. Dans cette hypothèse, chaque chose dépend de la forme des atomes, cubique pour la terre, et | pyramidale pour le feu. Les physiciens **18** d'aujourd'hui débattent encore de la structure de l'atome, et son profil n'est pas un mince facteur de cette structure. Les conjectures de Platon paraissent plus fantaisistes que l'analyse systématique d'Aristote ; mais elles sont à certains égards supérieures. Le principal résultat de ses idées est comparable à celui de la science moderne. Il contient des concepts que toute théorie de philosophie naturelle doit conserver et doit expliquer en un certain sens. Aristote posait la question fondamentale : qu'entendons-nous par *substance* ? Ici l'antagonisme entre sa philosophie et sa logique eut des effets très malheureux. Dans sa logique, le type fondamental de proposition affirmative est l'attribution d'un prédicat à un sujet. C'est pourquoi, parmi les nombreux usages courants du terme *substance* qu'il analyse, il privilégie son acception comme *substance ultime qui n'est plus prédiquée d'autre chose.*

L'adhésion sans critique à la logique aristotélicienne a conduit à une tendance invétérée à postuler un substrat pour tout ce qui est offert à la conscience sensible, c'est-à-dire à chercher sous tout ce dont nous avons conscience, la substance au sens de *la chose concrète.* C'est là l'origine du concept scientifique moderne de matière, et de l'éther, qui sont le résultat de ce postulat transformé en habitude persistante.

L'éther a donc été inventé par la science moderne comme substrat des événements qui sont disposés à travers l'espace et le temps au-delà de l'extension de la matière pondérable ordinaire. Personnellement je crois que la prédication est une notion confuse embrouillant beaucoup de relations différentes dans une forme linguistique commune et commode. Par

19 exemple, je soutiens que la relation du vert | à un brin d'herbe est entièrement différente de la relation du vert à l'événement qu'est l'histoire de la vie de ce brin d'herbe sur une courte période, et différente de la relation du brin à cet événement. En un sens j'appelle événement la situation du vert, et en un autre sens c'est la situation du brin d'herbe. Ainsi en un sens le brin d'herbe est un caractère ou une propriété qui peut être prédiqué de la situation, et en un autre sens le vert est un caractère ou une propriété du même événement qu'est aussi sa situation. Si bien que la prédication des propriétés voile radicalement des relations différentes entre entités.

C'est pourquoi *substance* qui est un terme corrélatif de *prédication*, contribue à l'ambiguïté. S'il nous faut partout chercher la substance, je la trouverai quant à moi dans les événements qui sont en un sens la substance ultime de la nature.

La matière, dans son sens scientifique moderne, est un retour à l'effort ionien pour trouver dans l'espace et le temps une étoffe constitutive de la nature. Elle revêt une signification plus raffinée que les conjectures anciennes sur la terre et l'eau, en raison d'une certaine association imprécise avec l'idée aristotélicienne de la substance.

La matière et finalement l'éther ont avec la terre, l'eau, l'air, le feu, un lien de descendance directe pour autant qu'ils sont postulés comme substrats ultimes de la nature. Ils portent

témoignage de la vitalité inépuisable de la philosophie
grecque dans sa recherche d'entités ultimes constituant les
facteurs du fait dévoilé dans la conscience sensible. Cette
recherche est l'origine de la science.

La succession des idées depuis les grossières conjectures
des anciens penseurs ioniens jusqu'à l'éther du XIXᵉ siècle,
nous rappelle que la doctrine scientifique de la matière est un
véritable hybride, à travers lequel la | philosophie poursuit son **20**
chemin jusqu'au concept aristotélicien raffiné de substance,
auquel la science est retournée en réaction contre les abstractions philosophiques. La terre, le feu et l'eau dans la philosophie ionienne et les éléments doués de forme du *Timée* sont
comparables à la matière et à l'éther de la doctrine scientifique moderne. Mais la substance représente le concept philosophique final du substrat sous-jacent à tout attribut. La
matière (dans le sens scientifique) est déjà dans l'espace et le
temps. Ainsi la matière représente le refus de la pensée d'aller
au-delà des caractéristiques spatiales et temporelles et d'arriver au pur concept d'une entité individuelle. C'est ce refus qui
fut cause de la confusion par laquelle on transporta la pure
procédure de la pensée dans le fait de la nature. L'entité
dépouillée de toutes caractéristiques autres que celles de
l'espace et du temps, a acquis un statut physique comme
texture ultime de la nature ; en sorte que le cours de la nature est
conçu comme se réduisant aux vicissitudes de la matière et à
son aventure à travers l'espace.

Ainsi l'origine de la doctrine de la matière est le résultat
d'une adhésion sans critique à l'espace et au temps comme
conditions externes de l'existence naturelle. Je ne veux pas
dire par là qu'on doive avoir aucun doute sur les faits de
l'espace et du temps comme ingrédients de la nature. Ce que je
vise est « la présupposition inconsciente de l'espace et du
temps comme étant ce dans quoi la nature se trouve ». C'est

exactement le genre de présupposition qui donne sa couleur
à toute pensée qui refuse la subtilité de la critique philosophique. Selon ma théorie de la formation de la doctrine
philosophique de la matière, la philosophie a d'abord transformé illégitimement la simple entité, qui n'est qu'une
abstraction, nécessité méthodique de la pensée, en substrat
métaphysique de ces facteurs de la nature qui en des sens
21 variés sont assignés aux entités comme leurs |attributs; et
ensuite les scientifiques (y compris des philosophes qui étaient
des scientifiques), par une ignorance consciente ou inconsciente de la philosophie, présupposèrent ce substrat en tant que
substrat d'attributs et comme étant néanmoins dans l'espace et
le temps.

C'est là assurément une confusion. Tout l'être de la
substance consiste à être substrat pour des attributs. Ainsi
l'espace et le temps seraient des attributs de la substance. Ce
qu'ils ne sont manifestement pas si la matière est la substance
de la nature, puisqu'il est impossible d'exprimer des vérités
spatio-temporelles sans recourir à des relations impliquant des
relata autres que des morceaux de matière. Je laisse cependant
ce point pour en arriver à un autre. Ce n'est pas la substance qui
est dans l'espace, mais les attributs. Ce que nous trouvons dans
l'espace, ce sont le rouge de la rose et le parfum du jasmin et le
bruit du canon. Nous avons tous dit à notre dentiste où se
trouvait notre mal aux dents. Ainsi l'espace n'est pas une
relation entre substances, mais entre attributs.

Ainsi, même si on admet que les partisans de la substance
peuvent être autorisés à concevoir la substance comme
matière, c'est une imposture de glisser la substance dans
l'espace sous prétexte que l'espace exprime des relations entre
des substances. Il saute aux yeux que l'espace n'a rien à voir
avec des substances, mais seulement avec leurs attributs. Ce
que je veux dire est que, si on choisit – à tort selon moi –

d'interpréter notre expérience de la nature comme une conscience des attributs des substances, on se met par cette théorie dans l'impossibilité de trouver de telles relations directes entre substances dévoilées dans notre expérience. Ce que nous trouvons en effet, ce sont des relations entre les attributs des substances. Ainsi si la matière est envisagée comme substance dans l'espace, l'espace dans lequel elle se trouve a très peu de chose à voir avec l'espace de notre expérience.

| L'argument ci-dessus a été exprimé dans les termes de la **22** théorie relationnelle de l'espace. Mais si l'espace est absolu – c'est-à-dire s'il a un être indépendant des choses en lui – le cours de l'argumentation est à peine changé. Car les choses dans l'espace doivent avoir une certaine relation fondamentale à l'espace, que nous appellerons occupation. Ainsi l'objection selon laquelle ce sont les attributs qui sont observés comme liés à l'espace, tient toujours.

La doctrine scientifique moderne de la matière va de pair avec une théorie absolue du temps. Les mêmes arguments valent pour les relations entre matière et temps, comme ils valent pour les relations entre espace et matière. Il y a pourtant (dans la philosophie courante) une différence qui sépare les connexions de l'espace avec la matière de celles du temps avec la matière, que je vais vous exposer.

L'espace n'est pas simplement un agencement d'entités matérielles où telle entité soutient certaines relations avec d'autres entités matérielles. L'occupation de l'espace impose un certain caractère à chaque entité matérielle en elle-même. En raison de cette occupation de l'espace, la matière a une extension. En raison de son extension, chaque portion est divisible en parties, et chaque partie est une unité numériquement distincte de toute autre partie semblable. C'est pourquoi il semble que chaque entité matérielle ne soit pas réellement une entité. C'est essentiellement une multiplicité d'entités. Il semble n'y avoir aucun terme à cette dissociation de la matière en multiplicités, faute de pouvoir trouver pour chaque entité ultime un point individuel qu'elle occupe. Cette essentielle multiplicité des entités matérielles n'est certainement pas ce que la science a en vue et ne correspond à rien de ce qui est dévoilé dans la conscience sensible. Il est absolument nécessaire qu'à un certain stade dans cette dissociation de la matière, un arrêt soit marqué et que les entités matérielles ainsi obtenues |soient traitées comme des unités. Ce stade peut être défini arbitrairement ou être imposé par les caractéristiques de la nature ; mais tout raisonnement scientifique finit par s'interrompre dans son analyse de l'espace et se pose le problème suivant : « Il y a ici une entité matérielle, que lui advient-il en tant qu'entité douée d'unité ? ». Pourtant cette entité matérielle conserve encore son extension, et, ainsi étendue, est une pure multiplicité. Ainsi, il y a une propriété atomique essentielle dans la nature, qui est indépendante de la dissociation de l'extension. Il y a quelque chose qui en soi-même est un, et qui est plus que l'agrégat logique d'unités occupant des points dans le volume qu'occupe l'unité. Certes nous pouvons bien être sceptiques au sujet de ces entités ultimes ponctuelles et douter même de l'existence de pareilles entités. Elles sont suspectes parce que nous sommes conduits à les admettre par la logique abstraite et non par l'observation des faits.

Le temps (dans la philosophie courante) n'exerce pas le même effet de désintégration sur la matière qui l'occupe. Si la matière occupe une durée temporelle, la totalité de la matière occupe chaque partie de cette durée. Ainsi la connexion entre matière et temps diffère de la connexion entre matière et espace, telle que l'exprime la philosophie scientifique courante. Il y a évidemment une plus grande difficulté à concevoir le temps comme le résultat de relations entre différents morceaux de matière, qu'il n'y en a dans la conception analogue de l'espace. À un instant donné, des volumes distincts de l'espace sont occupés par des morceaux distincts de matière. C'est pourquoi il n'y a dans cette mesure aucune difficulté intrinsèque à concevoir que l'espace est seulement le résultat de relations entre des morceaux de matière. Mais dans le temps unidimensionnel, le même morceau de matière occupe des portions différentes de temps. C'est pourquoi le temps devrait être exprimable | en termes de relations d'un morceau de **24** matière avec lui-même. Ma conception propre consiste à croire à la théorie relationnelle de l'espace et du temps à la fois, et à rejeter la forme courante de la théorie relationnelle de l'espace, qui fait apparaître les morceaux de matière comme les *relata* des relations spatiales. Les vrais *relata* sont les événements. La distinction que je viens de signaler entre temps et espace dans leur connexion avec la matière, rend évident qu'une assimilation de l'espace et du temps ne peut être poursuivie sur la ligne traditionnelle qui prend la matière comme élément fondamental de la formation de l'espace.

La philosophie de la nature a pris un fâcheux tournant lors de son développement dans la pensée grecque. Cette présupposition erronée reste vague et fluide dans le *Timée* de Platon. L'arrière-plan général de la pensée y est encore libre et peut être interprété comme privée seulement de l'explication adéquate et des garde-fous nécessaires. Mais dans l'exposé d'Aristote, les conceptions ont été durcies et rendues déterminées en sorte qu'elles produisent une analyse fautive de la relation entre la matière et la forme de la nature dévoilée à la conscience sensible. Dans ce dernier énoncé, le terme *matière* n'est pas utilisé dans son sens scientifique.

Je veux conclure en me mettant à l'abri d'une méprise. Il est évident que dans la doctrine courante de la matière, est enchâssée une certaine loi fondamentale de la nature. Une illustration simple montrera ce que je veux dire. Par exemple

THÉORIES DE LA BIFURCATION DE LA NATURE

Dans ma précédente conférence, j'ai critiqué le concept de matière comme substance dont nous percevons les attributs. Cette manière de penser la matière est, selon moi, la raison historique de son introduction dans la science, et c'est encore la vague vision de celle-ci à l'arrière-plan de nos pensées, qui fait paraître si évidente la doctrine scientifique courante. En effet, nous nous concevons nous-mêmes comme percevant les attributs des choses et les morceaux de matière comme les choses dont nous percevons les attributs.

Au XVIIᵉ siècle la facile simplicité de cette vue de la matière a reçu un rude coup. Les théories scientifiques de la transmission étaient alors en cours d'élaboration puis vers la fin du siècle n'étaient plus contestées, bien que leur forme particulière ait subi depuis des modifications. L'établissement de ces théories de la transmission marque un tournant dans les relations entre science et philosophie. Les doctrines auxquelles je fais spécialement allusion sont celles de la lumière et du son. Je ne doute pas que ces théories n'aient auparavant vaguement flotté dans l'air sous la forme d'évidences suggérées par le sens commun; car rien dans la pensée n'est jamais totalement nouveau. Mais à cette époque elles furent systéma-

tisées et rendues exactes, et leurs conséquences complètes
furent impitoyablement déduites. C'est quand s'établit cette
procédure qui consiste à prendre au sérieux les conséquences,
que se marque la réelle découverte d'une théorie. On établit
définitivement des doctrines systématiques de la lumière et du
son comme procédant | de corps émetteurs, et en particulier la
connexion de la lumière avec la couleur fut mise à jour par
Newton.

27

Ce résultat détruisit complètement la simplicité de la
théorie de la perception du type *substance et attribut*. Ce que
nous voyons dépend de la lumière qui pénètre dans l'œil. Bien
plus, nous ne voyons même pas ce qui pénètre l'œil. Les
choses transmises sont des ondes ou – comme Newton le
pensait – de menues particules, et les choses vues sont les
couleurs. Locke affronta cette difficulté avec une théorie des
qualités premières et secondes. En effet, il y a des attributs de
la matière que nous percevons bien. Ce sont les qualités premières, et il y a d'autres choses que nous percevons, comme les
couleurs, qui ne sont pas des attributs de la matière, mais sont
perçues par nous comme si elles étaient de tels attributs. Ce
sont les qualités secondes de la matière.

Pourquoi nous faut-il percevoir les qualités secondes ?
Cela semble une affaire extrêmement malheureuse que nous
percevions quantité de choses qui ne sont pas là. C'est pourtant
ce à quoi la théorie des qualités secondes en arrive en fait.
Aujourd'hui règne en science et en philosophie une molle
adhésion à la conclusion selon laquelle on ne peut expliquer de
façon cohérente la nature telle qu'elle nous est dévoilée dans
la conscience sensible, sans faire intervenir ses relations à la
pensée. L'explication moderne de la nature n'est pas, comme
elle le devrait, simplement une explication de ce que l'esprit
connaît de la nature ; mais elle est aussi mêlée à une explication
de l'effet de la nature sur l'esprit. Le résultat a été désastreux à

la fois pour la science et la philosophie, mais surtout pour la philosophie. Cela a transformé la grande question de la relation entre la nature et l'esprit en une modeste question, celle de l'interaction entre le corps humain et l'esprit.

| La polémique de Berkeley contre la matière reposait sur **28** cette confusion introduite par la théorie de la transmission de la lumière. Il plaida, à juste titre à mon sens, pour l'abandon de la doctrine de la matière sous sa forme présente. Il n'avait cependant rien à mettre à la place, excepté une théorie de la relation des esprits finis à l'esprit divin.

Mais nous nous efforçons dans ces conférences de nous limiter à la nature elle-même et de ne pas voyager au-delà des entités qui sont dévoilées dans la conscience sensible.

Nous supposons admise la capacité de percevoir[1]. Nous considérons bien les conditions nécessaires à cette capacité, mais seulement dans la mesure où ces conditions appartiennent au champ des dévoilements de la perception. Nous abandonnons à la métaphysique la synthèse du connaissant et du connu. Il faut expliquer et défendre cette position davantage, pour que le fil du raisonnement de ces conférences puisse être suivi.

La thèse à examiner dans l'immédiat est que toute interprétation métaphysique est une chose illégitimement importée dans la philosophie de la science de la nature. Par interprétation métaphysique, j'entends toute discussion sur le comment (au-delà de la nature) et le pourquoi (au-delà de la nature) de la pensée et de la conscience sensible. Dans la philosophie de la science nous cherchons les notions générales qui s'appliquent à la nature, c'est-à-dire à ce dont nous avons conscience dans la perception. C'est là la philosophie de la chose perçue, à ne pas confondre avec la métaphysique de la réalité, dont le

---

1. *Percipience.*

regard embrasse à la fois le sujet percevant et le perçu. Nul embarras touchant l'objet de la connaissance ne peut être dissipé en disant qu'il y a un esprit qui le connaît *.

En d'autres termes, on prend pour base ceci : la conscience sensible est la conscience de quelque chose. Quel est alors le caractère général de ce quelque chose dont nous avons **29** |conscience ? Nous ne nous interrogeons pas sur le sujet percevant ou sur le procès perceptif, mais sur le perçu. J'insiste sur ce point parce que les discussions sur la philosophie de la science sont d'ordinaire extrêmement métaphysiques – selon moi au grand détriment du sujet.

Recourir à la métaphysique est comme lancer une allumette dans une poudrière. Cela fait exploser la scène entière. C'est exactement ce que font les philosophes de la science quand ils sont conduits dans une impasse et convaincus d'incohérence. Aussitôt ils font entrer de force l'esprit et parlent d'entités qui sont selon le cas dans l'esprit ou hors de l'esprit. Pour la philosophie naturelle, toute chose perçue est dans la nature. Nous ne pouvons pas faire le difficile[1]. Pour nous, la lueur rouge du crépuscule est autant une partie de la nature que les molécules ou les ondes électriques par lesquelles les hommes de science expliqueraient le phénomène. Il appartient à la philosophie naturelle d'analyser comment les éléments variés de la nature sont liés.

En posant cette exigence, je me conçois moi-même comme adoptant l'attitude instinctive qui est immédiatement la nôtre à l'égard de la connaissance perceptive, attitude qui n'est abandonnée que sous l'influence de la théorie. Nous sommes instinctivement portés à croire que, moyennant une attention appropriée, on peut trouver plus dans la nature que ce

---

* Cf. *Enquête*, préface.

1. *Pick and choose* : prendre ceci et laisser cela.

qui s'observe d'emblée. Et nous ne saurions nous satisfaire à moins. Ce que nous demandons, nous, à la philosophie de la science, c'est de rendre compte de la cohérence des choses perceptivement connues.

Ce qui signifie que nous refusons de donner notre appui à toute théorie des additions psychiques à l'objet connu dans la perception. Par exemple, ce qui est donné dans la perception est l'herbe verte; c'est là un objet que nous connaissons comme un élément de la nature. La théorie des additions psychiques traiterait la verdeur comme une addition psychique fournie par |l'esprit percevant, et abandonnerait à la nature **30** seulement les molécules et l'énergie de radiation qui influencent l'esprit et le font avoir cette perception. Ma thèse est que cette introduction forcée de l'esprit ajoutant quelque chose de soi à la chose offerte à la connaissance par la conscience sensible, est seulement une manière d'esquiver le problème de la philosophie naturelle. Ce problème est l'étude des relations *inter se* des choses connues, abstraction faite du pur fait qu'elles sont connues. La philosophie naturelle ne devrait jamais demander ce qui est dans l'esprit et ce qui est dans la nature. Le faire c'est avouer qu'on a échoué à exprimer les relations entre les choses perceptivement connues, c'est-à-dire à exprimer ces relations naturelles dont l'expression est la philosophie naturelle. Peut-être la tâche est-elle trop ardue pour nous, les relations trop complexes et trop variées pour notre appréhension, ou trop triviales pour valoir la peine d'être exposées. Il est bien vrai que nous ne sommes pas allés bien loin dans l'adéquate formulation de telles relations. Mais du moins, puissions-nous ne pas tenter de dissimuler notre échec sous une théorie du concours de l'esprit percevant.

Ce contre quoi je m'élève essentiellement, est la bifurcation[1] de la nature en deux systèmes de réalité, qui, pour autant qu'ils sont réels, sont réels en des sens différents. Une de ces réalités serait les entités telles que les électrons, étudiées par la physique spéculative. Ce serait la réalité qui s'offre à la connaissance; bien que selon cette théorie ce ne soit jamais connu. Car ce qui est connu, c'est l'autre espèce de réalité qui résulte du concours de l'esprit. Ainsi, il y aurait deux natures, dont l'une serait conjecture et l'autre rêve.

Une autre manière de formuler cette théorie, à laquelle je m'oppose, consiste à bifurquer la nature en deux subdivisions, 31 |c'est-à-dire la nature appréhendée par la conscience et la nature qui est la cause de cette conscience. La nature qui est le fait appréhendé par la conscience, contient en elle-même le vert des arbres, le chant des oiseaux, la chaleur du soleil, la dureté des sièges, la sensation du velours. La nature qui est la cause de la conscience est le système conjectural des molécules et des électrons qui affectent l'esprit de manière à produire la conscience de la nature apparente. L'esprit est le point de rencontre entre ces deux natures, la nature causale ou influente et la nature apparente ou effluente.

Il y a quatre questions qui s'imposent d'emblée à l'examen, inséparables de cette théorie de la bifurcation de la nature. Elles concernent a) la causalité, b) le temps, c) l'espace, d) les illusions. Ces questions ne sont pas réellement séparables. Elles constituent seulement quatre points à partir desquels nous pouvons pénétrer dans l'examen de la théorie.

La nature causale est l'influence sur l'esprit qui est la cause de l'effluence de la nature apparente issue de l'esprit. Cette conception de la nature causale ne doit pas être confondue

---

1. La métaphore peut surprendre en français : *bifurcation* signifie ici *division*.

avec une conception différente où une partie de la nature est cause d'une autre partie. Par exemple, la combustion du feu et le passage de la chaleur à travers l'espace, est cause que le corps, ses nerfs et son cerveau fonctionnent d'une certaine manière. Mais ceci n'est pas une action de la nature sur l'esprit. C'est une interaction à l'intérieur de la nature. La causalité enveloppée dans cette interaction n'a pas le même sens que l'influence de ce système d'interactions corporelles intérieur à la nature sur l'esprit extérieur qui, à partir de là, perçoit rougeur et chaleur.

La théorie de la bifurcation est une tentative pour présenter | la science naturelle comme la recherche de la cause du fait de **32** la connaissance, c'est-à-dire une tentative pour montrer la nature apparente comme un effluent issu de l'esprit sous l'effet de la nature causale. L'ensemble de cette notion repose pour une part sur la supposition implicite que l'esprit peut seulement connaître ce qu'il a lui-même produit, et qu'il conserve en un sens en lui-même, bien que cela exige une raison extérieure servant d'origine et de détermination au caractère de son activité. Mais quand il s'agit de la connaissance, nous devrions liquider toutes ces métaphores spatiales, comme *dans l'esprit* et *hors de l'esprit*. La connaissance est quelque chose d'ultime. Il ne peut y avoir aucune explication du *pourquoi* de la connaissance ; nous pouvons seulement décrire *ce qu'est* la connaissance. En effet, nous pouvons analyser le contenu et ses relations internes, mais nous ne pouvons pas expliquer pourquoi il y a connaissance. Ainsi la nature causale est une chimère métaphysique ; bien qu'il y ait besoin d'une métaphysique dont l'étendue dépasse la limitation à la nature. L'objet d'une telle science métaphysique n'est pas d'expliquer la connaissance, mais de présenter aussi complètement que possible notre concept de la réalité.

Il nous faut admettre cependant que la théorie de la causalité de la nature ne manque pas d'atouts. La raison pour laquelle la bifurcation de la nature revient toujours furtivement dans la philosophie scientifique, est l'extrême difficulté à faire paraître la rougeur et la chaleur perçues dans le même système de relations que les molécules de carbone en mouvement, l'énergie de radiation qui en provient, et les fonctions variées du corps matériel. Si nous ne pouvons mettre en évidence ces relations qui embrassent tout, nous nous heurterons à une nature bifurquée ; autrement dit, chaleur et rougeur d'un côté, et molécules, électrons et éther de l'autre côté. Alors les deux facteurs seront présentés comme étant respectivement la cause et la réaction de l'esprit à la cause.

33 |Mais le temps et l'espace apparaissent fournir ces relations enveloppantes que réclament les partisans de l'unité de la nature. La rougeur perçue du feu et la chaleur sont liées de façon définie dans le temps et l'espace aux molécules du feu et aux molécules du corps.

C'est à peine plus qu'une exagération pardonnable que de dire que déterminer la signification de la nature se réduit principalement à étudier le caractère du temps et le caractère de l'espace. Dans les conférences suivantes, j'exposerai mes vues propres sur le temps et l'espace. Je m'efforcerai de montrer qu'ils sont des abstractions tirées d'éléments plus concrets de la nature, je veux dire les événements. L'examen des détails du procès de cette abstraction montrera l'intime liaison du temps et de l'espace, et nous conduira finalement à cette sorte de connexions entre leurs mesures, telle qu'elle apparaît dans la théorie moderne de la relativité électromagnétique. Mais c'est là anticiper sur la suite de notre développement. Pour l'instant, je souhaite envisager comment les vues ordinaires du temps et de l'espace aident, ou échouent, à unifier notre conception de la nature.

Premièrement, prenez les théories absolues du temps et de l'espace. Nous devrons y considérer chacun, c'est-à-dire aussi bien le temps que l'espace, comme un système séparé et indépendant d'entités, chaque système étant connu de nous en lui-même et pour lui-même, concurremment avec notre connaissance des événements de la nature. Le temps est la succession ordonnée d'instants sans durée ; et ces instants sont connus de nous simplement comme les *relata* dans la relation sérielle qui est la relation d'ordre du temps[1], et la relation d'ordre du temps ne nous est connue que comme reliant ces instants. C'est-à-dire : la relation et les instants nous sont connus conjointement dans notre appréhension du temps, chacun impliquant l'autre.

|Telle est la théorie absolue du temps. J'avoue **34** franchement qu'elle me semble très invraisemblable. Je ne puis dans ma propre connaissance trouver quoi que ce soit qui corresponde au temps pur de la théorie absolue. Je ne connais le temps que comme une abstraction tirée du passage des événements. Le fait fondamental qui rend cette abstraction possible, est l'écoulement[2] de la nature, son développement, son avance créatrice, à quoi s'ajoute un autre caractère de la nature, je veux dire : la relation d'extension entre les événements. Ces deux faits, c'est-à-dire le passage[3] des événements et l'extension des événements les uns sur les autres, sont selon moi les qualités desquelles le temps et l'espace comme abstractions tirent leur origine. Mais j'anticipe là sur mes spéculations à venir.

En attendant, revenant à la théorie absolue, nous sommes censés supposer que nous connaissons le temps indépendam-

---

1. *Time-ordering relation.*
2. *Passing.*
3. *Passage.*

ment des événements dans le temps. Ce qui arrive dans le temps, occupe le temps. Cette relation des événements au temps occupé, cette relation d'occupation, est une relation fondamentale de la nature au temps. Ainsi cette théorie exige que nous ayons conscience de deux relations fondamentales, la relation d'ordre du temps entre les instants, et la relation d'occupation du temps entre les instants et les états de la nature qui se produisent dans ces instants.

Il y a deux considérations qui fournissent un soutien puissant à cette théorie dominante du temps absolu. En premier lieu, le temps s'étend au-delà de la nature. Nos pensées sont dans le temps. Il semble donc impossible de dériver le temps seulement des relations entre éléments naturels. Car, dans ce cas, nos pensées ne pourraient avoir entre elles de relations temporelles. Ainsi, pour employer une métaphore, le temps aurait apparemment des racines plus profondes dans le réel que n'en a la nature. Car nous pouvons imaginer des
35 pensées liées temporellement sans |aucune perception de la nature. Par exemple, nous pouvons imaginer un des anges de Milton ayant des pensées successives dans le temps, mais qui se trouverait n'avoir pas remarqué que le Tout-Puissant a créé l'espace et mis en lui un univers matériel. Au demeurant, je crois que Milton met l'espace sur le même plan absolu que le temps. Mais cela ne saurait affaiblir l'exemple. En second lieu il est difficile de dériver le caractère proprement sériel du temps de la théorie relative. Chaque instant est irréversible. Il ne peut jamais revenir en vertu même du caractère du temps. Mais si dans une théorie relative, un instant du temps est seulement l'état de la nature à ce moment, et si la relation d'ordre du temps est simplement la relation entre de tels états, alors l'irréversibilité du temps semble signifier qu'un état actuel de la nature entière ne peut jamais revenir. J'admets qu'il semble invraisemblable qu'il existe jamais pareille

récurrence poussée jusque dans le plus petit détail du particulier. Mais extrême invraisemblance, là n'est pas la question.
Notre ignorance est si abyssale que nos jugements sur la
vraisemblance et l'invraisemblance des événements à venir
comptent peu. La vraie question est que cette récurrence
exacte d'un état de la nature semble seulement invraisem-
blable, tandis que la récurrence d'un instant du temps viole
entièrement notre concept d'ordre du temps. Les instants du
temps qui ont passé, sont passés, ne peuvent plus jamais être [1].

Une théorie du temps différente doit compter avec ces
deux considérations qui étayent la théorie absolue. Mais je ne
veux pas en poursuivre plus avant l'examen.

La théorie absolue de l'espace est analogue à la théorie
correspondante du temps, mais les raisons pour la défendre
sont plus faibles. L'espace, selon cette théorie, est un système
de points inétendus qui sont les *relata* de relations d'ordre de
l'espace, techniquement |combinables en une seule relation. **36**
Cette relation ne distribue pas les points en une même série
linéaire de façon analogue à la méthode simple de la relation
d'ordre du temps pour les instants. Les caractéristiques logi-
ques essentielles de cette relation, dont sortent toutes les
propriétés de l'espace, sont exprimées par les mathématiciens
dans les axiomes de la géométrie. De ces axiomes *, tels qu'ils
sont établis par les mathématiciens modernes, toute la science
de la géométrie peut être déduite par le plus strictement logique des raisonnements. Le détail de ces axiomes ne nous
intéresse pas ici. Dans notre appréhension de l'espace, nous

---

* *Cf.* (par exemple) *Géométrie projective* de Veblen et Young, vol. 1, 1910,
vol. 2, 1917, Boston, USA, Ginn & Company.

1. Traduction littérale obligée afin de rendre le jeu sur les auxiliaires en
anglais : « *The instants of time which have passed, are passed, and can never be
again* ».

connaissons conjointement les points et leurs relations, les uns impliquant les autres. Ce qui arrive dans l'espace occupe l'espace. Cette relation d'occupation ne s'énonce pas ordinairement au sujet d'événements mais d'objets. Par exemple la statue de Pompée sera dite occuper l'espace, mais non l'événement que fut l'assassinat de Jules César. En quoi je pense que l'usage ordinaire est malheureux, et je soutiens que les relations des événements à l'espace et au temps sont à tous égards analogues. Mais ici j'introduis mes opinions propres qui doivent être examinées dans des conférences ultérieures. Ainsi la théorie de l'espace absolu exige que nous ayons conscience de deux relations fondamentales, la relation spatiale d'ordre[1], qui s'établit entre des points, et la relation spatiale d'occupation[2] entre des points de l'espace et des objets matériels.

Cette théorie manque des deux principaux soutiens de la théorie correspondante du temps absolu. En premier lieu, l'espace ne s'étend pas au-delà de la nature au même sens où le temps semble le faire. Nos pensées ne semblent pas occuper l'espace avec la même profondeur avec laquelle elles occupent le temps. Par exemple, j'ai pensé dans une pièce, et | dans cette mesure, mes pensées sont dans l'espace. Mais ce semble être un non-sens de demander quel volume de la pièce elles occupaient, si c'était un pied-cube ou un pouce-cube; tandis que les mêmes pensées occupent une durée déterminée de temps, disons de onze à douze à une certaine date.

Ainsi, tandis qu'on a besoin des relations d'une théorie relative du temps pour lier les pensées, il ne semble pas si évident qu'on ait besoin des relations d'une théorie relative de l'espace pour cela. La liaison de la pensée à l'espace semble

1. Space-ordering.
2. Space-occupation.

avoir un caractère indirect qui apparaît faire défaut dans la liaison de la pensée au temps.

En outre, l'irréversibilité du temps ne semble pas avoir de parallèle pour l'espace. L'espace, selon la théorie relative, est le résultat de certaines relations entre les objets, communément dits être dans l'espace ; et à chaque fois qu'il existe des objets ainsi reliés, il y a espace. Ici ne surgit nulle difficulté telle que celle des instants du temps, embarrassants parce que selon toute vraisemblance susceptibles de revenir quand nous pensions en avoir fini avec eux.

La théorie absolue de l'espace n'est plus maintenant universellement populaire. La connaissance d'un espace pur, comme système d'entités connu de nous en lui-même et pour lui-même indépendamment de notre connaissance des événements de la nature, ne semble correspondre à rien dans notre expérience. L'espace, comme le temps, apparaît plutôt comme étant une abstraction tirée des événements. C'est pourquoi, dans ma propre théorie, il se différencie seulement du temps à un certain degré de développement du procès d'abstraction. La manière la plus ordinaire d'exprimer la théorie relationnelle de l'espace serait de considérer l'espace comme une abstraction tirée des relations des objets matériels.

Supposons maintenant que nous admettions un temps absolu et un | espace absolu. De quelle portée est cette hypo- **38** thèse sur le concept de nature bifurquée en nature causale et nature apparente ? Indubitablement la séparation entre les deux natures est maintenant considérablement atténuée. Nous pouvons leur attribuer deux systèmes de relations communs ; car les deux natures sont supposées occuper le même espace et le même temps. La théorie est maintenant celle-ci : des événements causaux occupent certaines périodes du temps absolu et occupent certaines positions de l'espace absolu. Ces événements influent sur un esprit qui en conséquence perçoit certains événements apparents qui occupent certaines périodes dans le temps absolu et occupent certaines positions dans l'espace absolu ; et les périodes et les positions occupées par les événements apparents ont une relation déterminée aux périodes et aux positions occupées par les événements causaux.

Bien plus, des événements causaux définis produisent pour l'esprit des événements apparents définis. Les illusions sont des événements apparents qui apparaissent dans des périodes temporelles et des positions spatiales sans l'intervention de ces événements causaux qui sont propres à influer sur l'esprit pour qu'il les perçoive.

Toute cette théorie est parfaitement logique. Dans ces discussions, nous ne pouvons espérer amener à se contredire logiquement une théorie qui serait faible. Celui qui raisonne, tout faux pas mis à part, s'enferme dans une contradiction seulement quand il est jeté dans la *reductio ad absurdum*. La raison substantielle de rejeter une théorie philosophique est l'*absurdum* auquel elle nous réduit. Dans le cas de la philosophie de la science naturelle, l'*absurdum* peut seulement être que notre connaissance perceptive n'ait pas le caractère que la théorie lui assigne. Si notre adversaire affirme que sa connaissance a ce caractère, nous ne pouvons – après avoir vérifié de part et d'autre que nous nous comprenons mutuellement – 39 |qu'accepter cette différence. C'est pourquoi le premier devoir de celui qui énonce une théorie à laquelle il ne croit pas, est de la montrer comme logique. Ce n'est pas là que réside ce qui le gêne.

Récapitulons les objections précédemment énoncées à cette théorie de la nature. En premier lieu, elle est tournée vers la cause de la connaissance de la chose connue, au lieu d'être tournée vers le caractère de la chose connue ; deuxièmement, elle suppose une connaissance du temps en lui-même, séparée des événements liés entre eux dans le temps ; troisièmement, elle suppose une connaissance de l'espace en lui-même, séparée des événements liés entre eux dans l'espace. Mais viennent s'ajouter à ces objections d'autres points faibles dans cette théorie.

On met en lumière le statut artificiel de la nature causale dans cette théorie en demandant pourquoi la nature causale est supposée occuper le temps et l'espace. Ceci pose en réalité la question fondamentale qui est de savoir quelles caractéristiques la nature causale aurait en commun avec la nature apparente. Pourquoi – selon cette théorie – la cause influente sur l'esprit qui perçoit aurait-elle quelque caractéristique commune avec la nature effluente apparente? En particulier, pourquoi serait-elle dans l'espace? Pourquoi serait-elle dans le temps? Plus généralement que savons-nous de l'esprit qui nous permette d'inférer les caractéristiques particulières d'une cause à partir des effets particuliers de son influence sur l'esprit?

Que le temps soit transcendant à la nature donne peu de raison de présumer que la nature causale occupe le temps. Car si l'esprit occupe des périodes de temps, il semblerait y avoir quelque vague raison de supposer que les causes qui l'influencent occupent les mêmes périodes de temps, ou du moins occupent des périodes strictement corrélatives des périodes mentales. Mais si l'esprit | n'occupe pas de volumes d'espace, **40** il ne semble pas y avoir de raison pour que la nature causale occupe des volumes d'espace. Ainsi l'espace semblerait être seulement apparent, au même sens où la nature apparente est seulement apparente. C'est pourquoi, si la recherche de la science porte réellement sur les causes qui agissent sur l'esprit, on ferait entièrement fausse route, semble-t-il, en présumant que les causes cherchées ont des relations spatiales. Bien plus, il n'y a rien d'autre dans notre connaissance qui soit analogue à ces causes influençant l'esprit pour qu'il perçoive. C'est pourquoi, au-delà de la présomption précipitée qu'elles occupent du temps, il n'y a rien qui nous fonde à pouvoir déterminer en rien leur caractère. Elles doivent demeurer pour toujours inconnues.

Je pose maintenant comme un axiome que la science n'est pas un conte de fées. Sa tâche n'est pas de découvrir des entités inconnaissables douées de propriétés arbitraires et fantastiques. Qu'est-ce alors que fait la science, une fois admis qu'elle accomplit quelque chose d'important ? Je réponds qu'elle détermine le caractère des choses connues, c'est-à-dire le caractère de la nature apparente. Mais nous devons éliminer le terme *apparent* ; car il n'y a qu'une nature, c'est la nature qui est devant nous dans la connaissance perceptive. Les caractères que la science discerne dans la nature sont des caractères subtils, non évidents au premier regard. Ce sont des relations de relations et des caractères de caractères. Mais avec toute leur subtilité, ils sont marqués d'une certaine simplicité qui rend leur considération essentielle à l'éclaircissement des relations complexes entre des caractères qui dans la perception s'imposent davantage.

Le fait que la bifurcation de la nature en composants causaux et apparents, n'exprime pas ce qu'est, selon nous, notre connaissance, se découvre quand nous réalisons | nos pensées dans une étude des causes de nos perceptions. Par exemple, le feu brûle et nous voyons un charbon rouge. Ceci s'explique dans la science par l'énergie rayonnante du charbon pénétrant nos yeux. Mais en recherchant une telle explication, nous ne nous demandons pas quelles sortes d'occurrences sont de nature à être cause que l'esprit voit du rouge. La chaîne causale est entièrement différente. L'esprit est entièrement supprimé. La question réelle est celle-ci : quand on trouve du rouge dans la nature, qu'est-ce qu'on y trouve d'autre aussi ? Autrement dit, nous sommes en quête d'une analyse de ce qui dans la nature accompagne la découverte du rouge dans la nature. Dans une conférence ultérieure je suivrai plus loin le fil de cette idée. J'attire simplement ici l'attention sur ce point, afin de signaler que la théorie ondulatoire de la lumière n'a pas été adoptée parce que des ondes sont justement l'espèce de choses nécessaires pour faire percevoir des couleurs à un esprit. Ceci n'a aucune part dans l'évidence qui ait jamais été attribuée à la théorie ondulatoire, néanmoins dans la théorie causale de la perception, c'est réellement la seule partie pertinente. En d'autres termes, la science n'examine pas les causes de la connaissance, mais la cohérence de la connaissance. La compréhension que cherche la science est une compréhension des relations internes à la nature.

Jusqu'ici j'ai examiné la bifurcation de la nature en liaison avec les théories du temps absolu et de l'espace absolu. J'avais pour cela une raison : c'est seulement en introduisant les théories relationnelles qu'on affaiblit la thèse de la bifurcation, et je souhaitais examiner cette thèse en la posant sur ses bases les plus solides.

Supposez par exemple que nous adoptions la théorie relationnelle de l'espace. L'espace alors dans lequel la nature apparente est placée, est l'expression de certaines relations entre les objets apparents. C'est un ensemble de relations apparentes entre des | *relata* apparents. La nature apparente est **42** le rêve, et les relations apparentes sont des relations rêvées, et l'espace est un espace rêvé. Semblablement, l'espace dans lequel la nature causale est placée, est l'expression de certains faits relatifs à l'activité causale qui se poursuit derrière ces scènes. C'est pourquoi l'espace causal appartient à un ordre de réalité différent de celui de l'espace apparent. D'où suit qu'il n'y a pas de liaison point par point entre les deux, et il est dépourvu de sens de dire que les molécules de l'herbe sont en un lieu ayant une relation spatiale déterminée avec le lieu occupé par l'herbe que nous voyons. Cette conclusion est très paradoxale et rend absurde toute la phraséologie scientifique. Cela devient même pire si nous admettons la relativité du temps. Car les mêmes arguments s'appliquent au temps et le scindent en un temps rêvé et un temps causal, appartenant chacun à des ordres de réalité différents.

J'ai examiné toutefois jusqu'ici une forme extrême de la théorie de la bifurcation. C'en est, selon moi, la forme la plus défendable. Mais sa netteté même l'expose à la critique de la manière la plus patente. Sous sa forme atténuée, elle autorise à prendre la nature que nous examinons pour la nature directement connue, et dans cette mesure elle rejette la théorie de la bifurcation. Mais elle soutient qu'il y a des additions psychiques à la nature ainsi connue, et que ces additions ne font pas proprement partie de la nature. Par exemple, nous percevons la boule de billard rouge dans son temps propre, dans son lieu propre, avec son mouvement propre, avec sa dureté propre et avec son inertie propre. Mais sa couleur rouge et sa chaleur, et ce son semblable au bruit sec d'un canon, sont des additions psychiques, c'est-à-dire des qualités secondes qui sont seulement la manière qu'a l'esprit de percevoir la nature. Ce n'est

43 pas seulement la |théorie vaguement dominante, mais, à ce que je crois, la forme historique de la théorie de la bifurcation, dans la mesure où elle est dérivée de la philosophie. Je l'appellerai théorie des additions psychiques.

Cette théorie des additions psychiques est une théorie de gros bon sens qui attache une énorme importance à la réalité évidente du temps, de l'espace, de la solidité et de l'inertie, mais se défie de la couleur, de la chaleur et du son comme d'additions artistiques mineures.

Cette théorie est l'œuvre d'un sens commun réduit à se défendre. Elle naquit à une époque où les théories de la transmission étaient en cours d'élaboration. Par exemple, la couleur résulte d'une transmission depuis l'objet matériel vers l'œil de celui qui perçoit; et ce qui est ainsi transmis n'est pas la couleur. Ainsi la couleur n'est pas une partie de la réalité de l'objet matériel. De façon similaire, pour le même motif, les sons disparaissent[1] de la nature. La chaleur aussi est due au transfert de quelque chose qui n'est pas la température. Ainsi il ne nous reste que des positions spatio-temporelles, et, si j'ose ainsi l'appeler, la *poussée*[2] du corps. Ce qui nous conduit au matérialisme des dix-huitième et dix-neuvième siècles, c'est-à-dire à la croyance que ce qui est réel dans la nature est la matière, dans l'espace et le temps, ainsi que l'inertie.

On a évidemment présupposé une distinction qualitative séparant des autres perceptions certaines perceptions dues au toucher. Ces perceptions tactiles seraient des perceptions de l'inertie réelle, tandis que les autres seraient des additions psychiques devant être expliquées selon la théorie causale. Cette distinction est le produit d'une époque où la science physique a pris de l'avance sur la pathologie médicale et la physiologie. Les perceptions de poussée sont tout autant le résultat de la transmission que les perceptions de couleur. Quand la couleur est perçue, les nerfs du corps sont excités d'une certaine manière et transmettent leur message vers le cerveau et quand la pensée est perçue, | d'autres nerfs du corps **44** sont excités d'une autre manière et transmettent leur message au cerveau. Le message du premier ensemble n'est pas le véhicule de la couleur, et le message de l'autre ensemble n'est pas le véhicule de la poussée. Mais dans un cas la couleur est perçue et dans l'autre cas, la poussée est attribuée à l'objet. Si l'on coupe certains nerfs, la perception de la couleur disparaît;

---

1. *Evaporate.*
2. *Pushiness :* il s'agit du rapport tactile du corps aux objets, témoin de leur réalité hors de l'esprit : cf. *infra.*

et si l'on coupe certains autres nerfs, la perception de la poussée disparaît. Par conséquent il apparaîtrait que les raisons d'exclure la couleur de la réalité de la nature, opéreraient pour en exclure aussi l'inertie.

Ainsi la tentative de bifurcation de la nature apparente en deux parties, dont l'une est causale à la fois pour sa propre apparence et pour l'apparence de l'autre partie, qui n'est qu'apparente, échoue parcequ'on échoue à établir une distinction fondamentale entre nos manières de connaître relatives aux deux parts de la nature ainsi divisée. Je ne nie pas que le sentiment de l'effort musculaire ait historiquement conduit à la formulation du concept de force. Mais ce fait historique ne nous autorise pas à assigner à l'inertie matérielle une réalité supérieure dans la nature à celle de la couleur ou du son. Eu égard à la réalité, toutes nos perceptions sensibles sont dans le même bateau et doivent être traitées selon le même principe. Cette identité de traitement est précisément ce que ce compromis théorique ne réussit pas à accomplir.

La théorie de la bifurcation cependant ne meurt pas facilement. La raison en est la difficulté à quoi on se heurte à relier à l'intérieur d'un même système d'entités, la couleur rouge du feu et l'agitation des molécules. Dans une autre conférence, j'exposerai ce qui est selon moi l'origine de cette difficulté et ma propre solution.

45 Une autre solution en faveur, la forme la plus atténuée | que prenne la théorie de la bifurcation, consiste à soutenir que les molécules et l'éther de la science sont purement conceptuels. Ainsi il n'y a qu'une seule nature, c'est-à-dire la nature apparente, et les atomes et l'éther sont seulement des noms attribués à des termes logiques dans des formules conceptuelles de calcul.

Mais qu'est-ce qu'une formule de calcul? Il est permis de croire que c'est un énoncé selon lequel ceci ou cela est vrai pour des occurrences naturelles. Prenez la plus simple de toutes ces formules, deux et deux font quatre. Ceci – dans la mesure où cela s'applique à la nature – affirme que si vous prenez deux entités naturelles, et puis encore deux autres entités naturelles, la combinaison obtenue est une classe contenant quatre entités naturelles. Pareilles formules, vraies pour n'importe quelles entités, ne peuvent aboutir à la production des concepts des atomes. Il existe alors d'autres formules affirmant qu'il y a dans la nature des entités possédant telles ou telles propriétés spéciales, par exemple les propriétés des atomes d'hydrogène. Maintenant, s'il n'existe pas de telles entités, je ne vois pas comment un énoncé à leur sujet peut s'appliquer à la nature. Par exemple, l'affirmation qu'il y a du fromage vert dans la lune ne peut fournir de prémisse à aucune déduction scientifique sérieuse, à moins qu'en effet la présence de fromage vert dans la lune n'ait été vérifiée par l'expérience. La réponse courante à ces objections est que, bien que les atomes soient purement conceptuels, ils sont pourtant une manière intéressante et pittoresque de dire autre chose de vrai sur la nature. Mais vraiment, si c'est quelque chose d'autre qu'on veut dire, pour l'amour du ciel qu'on le dise. Foin de ces machineries compliquées d'une nature conceptuelle, faite d'affirmations sur des choses qui n'existent pas en vue de communiquer des vérités relatives à des choses qui existent. Je soutiens la position évidente selon laquelle les lois scientifiques, si elles sont vraies, sont des énoncés portant sur des entités | dont nous prenons connaissance comme étant dans la **46** nature ; et selon laquelle, si les entités auxquelles les énoncés renvoient ne se trouvent pas dans la nature, les énoncés qui s'y rapportent n'ont de rapport à aucune occurrence purement naturelle. Ainsi les molécules et les électrons de la théorie scientifique, dans la mesure où la science a correctement formulé ses lois, sont tous des facteurs qu'on doit trouver dans la nature. Les électrons ne sont hypothétiques que dans la mesure où nous ne sommes pas tout à fait sûrs que la théorie des électrons soit vraie. Mais leur caractère hypothétique ne vient pas de la nature essentielle de la théorie elle-même, une fois sa vérité accordée.

Ainsi, à la fin de cet examen quelque peu complexe, nous revenons à la position affirmée au commencement. La première tâche d'une philosophie de la science naturelle est d'élucider le concept de nature, considérée comme un fait complexe à connaître, de montrer les entités fondamentales et les relations fondamentales entre ces entités, dans les termes desquelles toutes les lois de la nature doivent être énoncées, et de s'assurer que les entités et relations ainsi montrées sont adéquates à l'expression des relations entre les entités qui se présentent dans la nature.

La troisième exigence, c'est-à-dire, celle d'adéquation, est celle sur laquelle se présente toute la difficulté. Les données ultimes de la science sont, de l'aveu commun, le temps, l'espace, la matière, les qualités matérielles et les relations entre objets matériels. Mais les données telles qu'elles se présentent dans les lois scientifiques ne se rapportent pas à toutes les entités qui se rencontrent dans notre perception de la nature. Par exemple, la théorie ondulatoire de la lumière est une théorie excellente et solide ; mais malheureusement elle laisse de côté la couleur perçue. Ainsi la couleur rouge perçue – ou toute autre couleur – doit être retranchée de la nature et mise au compte de la réaction de l'esprit à l'influence des **47** événements actuels de | la nature. Autrement dit, ce concept des relations fondamentales à l'intérieur de la nature est inadéquat. Ainsi nous devons tendre notre énergie en vue de l'énonciation de concepts adéquats.

Mais ce faisant, ne sommes-nous pas en fait à la recherche de la solution d'un problème métaphysique ? Je ne le crois pas.

Nous cherchons seulement à montrer quel type de relations unissent les entités qu'en fait nous percevons comme étant dans la nature. Nous ne sommes pas requis de nous prononcer sur la relation psychologique des sujets aux objets ou sur le statut de chacun d'eux dans le royaume du réel. Il est vrai que le résultat de nos efforts peut fournir un matériau constituant un témoignage pertinent pour l'examen de cette question. C'est une chose presqu'inévitable. Mais ce n'est qu'un témoignage et non pas l'étude métaphysique elle-même. Afin de mettre en lumière le caractère postérieur de cette étude qui est en dehors de notre compétence, je veux vous soumettre deux citations. L'une est de Schelling et je tire cette citation de l'œuvre du philosophe russe Lossky qui a été récemment si excellemment traduite en anglais [*] :

> Dans la *Philosophie de la Nature* j'ai considéré ce sujet-objet appelé nature dans son activité d'auto-construction. Pour la comprendre, nous devons atteindre à une intuition intellectuelle de la nature. L'empiriste ne peut y atteindre, et pour cette raison dans toutes ses explications, c'est toujours *lui-même* qui se découvre dans la construction de la nature. Il n'est pas étonnant alors que sa construction et ce qui devait être construit coïncide si rarement. Un *Natur-Philosoph* dresse la nature dans son indépendance et la fait se construire elle-même, et n'éprouve jamais par suite la nécessité d'opposer la nature en tant qu'elle | est construite (*i.e.* en tant qu'expérience) à la **48** nature réelle, ou de corriger l'une au moyen de l'autre.

L'autre citation est tirée d'une communication faite par le doyen de St Paul devant la société aristotélicienne en mai 1919. La communication du Dr Inge est intitulée *Platonisme et immortalité humaine* et l'on y trouve la déclaration suivante :

---

[*] *Les bases intuitives de la connaissance,* par N.O. Lossky, traduit par Mme Diddington, Macmillan & Co., 1919.

Récapitulons. La doctrine platonicienne de l'immortalité repose sur l'*indépendance* du monde spirituel. Ce monde spirituel n'est pas un monde d'idéaux non réalisés, opposé à un monde réel de facticité non-spirituelle. C'est au contraire le monde réel dont nous avons une connaissance vraie, quoique très incomplète, opposé à un monde de l'expérience commune qui, en tant que tout complet, n'est pas réel, puisqu'il est composé à l'aide de notre imagination, de données hétérogènes, qui ne sont pas toutes sur le même plan. Il n'existe aucun monde correspondant à ce monde de notre expérience commune. La nature ne tient pas compte de nous, elle décide quelle amplitude de vibrations nous pourrons voir et entendre, quelles choses nous pourrons discerner et retenir.

J'ai cité ces deux déclarations parce que toutes deux traitent de sujets qui, bien qu'ils soient en dehors de notre étude, sont toujours confondus avec elle. La raison en est qu'ils se tiennent à proximité de notre champ de pensée et sont des sujets qui sont d'un intérêt brûlant pour l'esprit métaphysique. Il est difficile pour un philosophe d'admettre qu'on veuille borner l'étude à l'intérieur des limites que j'ai tracées devant vous. La limite se place justement là où lui commence à être excité. Mais je soumets à votre jugement l'idée que, parmi les nécessaires prolégomènes à la philosophie et à la science de la nature, il y a la compréhension approfondie des types d'entités et des types de relations entre ces entités, qui nous sont dévoilés dans nos perceptions de la nature.

LE TEMPS

Les deux précédentes conférences de ce cours ont été surtout critiques. Dans la présente conférence, je me propose d'entreprendre un inventaire des types d'entités offerts à la connaissance dans la conscience sensible. Mon dessein est d'examiner les espèces de relations que ces entités de types variés peuvent soutenir les unes avec les autres. Une classification des entités naturelles est le commencement de la philosophie naturelle. Nous commençons aujourd'hui par envisager le Temps.

En premier lieu, un fait général est posé : quelque chose se passe[1] ; par définition, c'est là une occurrence.

Ce fait général offre d'emblée à notre appréhension deux facteurs que je nommerai le *discerné* et le *discernable*. Le discerné comprend ces éléments du fait général qui sont distingués dans leurs propres particularités individuelles. C'est le champ directement perçu. Mais les entités de ce champ ont des relations à d'autres entités qui ne sont pas ainsi distinguées particulièrement dans leur individualité. Ces autres entités sont connues seulement comme les *relata* en relation aux

1. *Is going on.*

entités du champ discerné. Une telle entité est seulement un
« quelque chose » qui a des relations définies à une ou
plusieurs entités définies dans le champ discerné. En tant que
liées de cette manière, elles sont – en raison du caractère particulier de ces relations – connues comme des éléments de ce
fait général qui se passe. Mais nous n'en avons pas conscience
sinon comme d'entités remplissant les fonctions de *relata* dans
ces relations.

    Ainsi le fait général complet, posé comme occurrent,
50 comprend deux groupes d'entités, les entités | perçues dans
leur individualité propre et les autres entités, seulement appré-
hendées comme *relata* sans être davantage définies. Ce fait
général complet est le discernable et il enveloppe le discerné.
Le discernable est la nature entière[1] dévoilée à la conscience
sensible, et s'étend au-delà, comprenant le tout de la nature[2]
actuellement distingué ou discerné dans cette conscience
sensible. Ce discernement ou cette distinction de la nature est
la conscience particulière de facteurs naturels spéciaux eu
égard à leur caractère particulier. Mais les facteurs dans la
nature dont nous avons cette conscience sensible particulière
sont connus comme ne comprenant pas tous les facteurs qui
ensemble forment le complexe total des entités reliées à l'intérieur du fait général offert au discernement. Cette particularité
de la connaissance est ce que j'appelle son caractère non-
exhaustif. Ce caractère peut être métaphoriquement représenté en disant que la nature perçue a toujours une bordure
effrangée[3]. Par exemple, il y a un monde au-delà de la pièce à
laquelle notre vue se limite, connu de nous comme complétant
les relations spatiales des entités discernées à l'intérieur de la

---

1. *All nature.*
2. *All of nature.*
3. *A ragged edge.*

pièce. La jonction du monde intérieur à la pièce avec le monde extérieur au-delà n'est jamais nette. Un flot de sons et de facteurs plus subtils dévoilés à la conscience sensible pénètre du dehors. Chaque type de sens a son groupe propre d'entités distinctes qui sont connues comme en relation avec des entités non discernées par ce sens. Par exemple, nous voyons quelque chose que nous ne touchons pas et nous touchons quelque chose que nous ne voyons pas, et nous avons un sens général des relations spatiales entre l'entité dévoilée à la vue et l'entité dévoilée au toucher. Ainsi d'abord chacune de ces deux entités est connue comme un *relatum* dans le système général des relations spatiales et ensuite la relation mutuelle particulière de | ces deux entités liées l'une à l'autre dans ce système **51** général, est déterminée. Mais le système général des relations spatiales reliant l'entité que distingue la vue avec celle que distingue le toucher, ne dépend pas du caractère particulier de l'autre entité présentée par le second sens. Par exemple, les relations spatiales de la chose vue nécessitaient une entité comme *relatum* dans le lieu de la chose touchée même si certains éléments de son caractère n'étaient pas dévoilés par le toucher. Ainsi, indépendamment du toucher, une entité ayant une certaine relation spécifique à la chose vue était dévoilée par la conscience sensible, mais non distinguée autrement dans son caractère individuel. Une entité simplement connue comme spatialement reliée à une entité discernée, est ce que nous mettons sous l'idée simple de lieu[1]. Le concept de lieu marque le dévoilement dans la conscience sensible d'entités naturelles connues seulement par leurs relations spatiales à des entités discernées. Le discernable se révèle ainsi au moyen de ses relations au discerné.

1. *Place.*

Ce dévoilement d'une entité comme *relatum*, sans autre discrimination qualitative spécifique, est la base de notre concept de signifiance[1]. Dans l'exemple ci-dessus, la chose vue était signifiante en ce qu'elle dévoilait ses relations spatiales à d'autres entités qui sinon n'entraient pas nécessairement dans la conscience. Ainsi la signifiance est relation[2], mais elle est relation où l'insistance est mise sur un terme seulement de la relation.

Par souci de simplicité, j'ai limité le raisonnement aux relations spatiales; mais les mêmes considérations s'appliquent aux relations temporelles. Le concept de *période de temps* marque le dévoilement dans la conscience sensible d'entités naturelles connues seulement par leurs relations temporelles à | des entités discernées. En outre, cette séparation des idées d'espace et de temps n'a été adoptée que par souci de gagner en simplicité en se conformant au langage courant. Ce que nous discernons est le caractère d'un lieu à travers une période de temps. C'est ce que j'entends par *événement*. Nous discernons des caractères spécifiques d'un événement. Mais, en discernant un événement, nous sommes aussi conscients de sa signifiance comme *relatum* dans la structure des événements. Cette structure des événements est le complexe des événements liés entre eux par les deux relations d'extension et de cogrédience[3]. La plus simple expression des propriétés de cette structure se trouve dans nos expressions spatiales et temporelles. Un événement discerné est connu comme lié dans cette structure à d'autres événements dont les caractères spéci-

52

---

1. *Significance*.

2. *Relatedness*.

3. *Cogrédience* : se dit des événements *au repos* dans une durée, par opposition aux éléments en mouvement – une durée étant déterminée par un *événement percevant* auquel elle est *associée*. Cf. *infra*, chap. 5, p. 114 et chap. 9, p. 176.

fiques ne sont par ailleurs pas dévoilés dans cette conscience immédiate, sauf dans la mesure où ils sont des *relata* à l'intérieur de cette structure.

En se dévoilant dans la conscience sensible, la structure des événements distribue les événements en événements discernés eu égard à quelque caractère individuel supplémentaire, et événements qui ne sont pas dévoilés autrement que comme éléments de la structure. Ces événements signifiés doivent inclure des événements du passé reculé aussi bien que des événements du futur. Nous en avons conscience comme de périodes éloignées du temps indéfini. Mais il y a une autre distribution des événements également inhérente à la conscience sensible. D'une part, les événements qui ont part à l'immédiateté des événements discernés immédiatement présents. De l'autre, les événements dont les caractères unis à ceux des événements discernés, comprennent la nature entière présente au discernement. Ils forment le fait général complet qu'est la nature entière présente maintenant en tant que dévoilée à la conscience sensible. C'est dans cette seconde distribution que se trouve l'origine de ce qui différencie l'espace et le temps. Le germe de | l'espace se trouve dans les relations mutuelles des **53** événements à l'intérieur du fait général immédiat qu'est la nature entière actuellement discernable, c'est-à-dire à l'intérieur de l'événement unique qu'est la totalité de la nature présente. Les relations des autres événements à cette totalité de la nature forment la texture du temps.

L'unité de ce fait général présent est exprimée par le concept de simultanéité. Le fait général est l'occurrence simultanée totale de la nature donnée maintenant à la conscience sensible. Ce fait général est ce que j'ai appelé le discernable. Mais je l'appellerai à l'avenir une *durée*, entendant par là le tout de la nature[1] d'une manière limitée seulement par la propriété d'être une simultanéité. En outre, conformément au principe qui veut que soit compris à l'intérieur de la nature le terme entier de la conscience sensible, la simultanéité ne doit pas être prise comme concept mental sans pertinence, surimposé à la nature. Notre conscience sensible pose une totalité, objet de discernement immédiat, ici appelée *durée*; ainsi une durée est une entité naturelle définie. Une durée est distinguée[2] comme un complexe d'événements partiels, et les entités naturelles qui composent ce complexe sont de ce fait dites *simultanées avec cette durée*. En un sens dérivé elles sont aussi simultanées entre elles par rapport à cette durée. Ainsi la simultanéité est une relation naturelle définie. Le mot *durée* est peut-être malheureux en ce qu'il suggère une étendue[3] purement abstraite de temps. Je ne l'entends pas ainsi. Une durée est une épaisseur[4] concrète de nature limitée par la simultanéité qui est un facteur essentiel dévoilé dans la conscience sensible.

La nature est un procès. Comme dans le cas de toute chose directement exhibée dans la conscience sensible, il ne peut y avoir aucune explication de ce caractère de la nature. Tout ce qu'on peut faire, c'est utiliser le langage qui permet de le **54** montrer spéculativement, | et aussi d'exprimer la relation de ce facteur naturel aux autres facteurs. Que chaque durée arrive et passe, c'est là une manifestation du procès de la nature. Le procès de la nature peut aussi être nommé le passage de la nature. Je m'abstiendrai définitivement à partir de maintenant d'utiliser le terme *temps*, puisque le temps mesurable de la science et de la vie civilisée ne montre en général que quelques

1. *Whole of nature.*
2. *Discriminated.*
3. *Stretch.*
4. *Slab.*

aspects du fait plus fondamental du passage de la nature. Je crois être en cette doctrine en plein accord avec Bergson, bien qu'il utilise le mot *temps* pour le fait fondamental que j'appelle *passage de la nature*. Le passage de la nature est aussi manifesté dans la transition spatiale, aussi bien que dans la transition temporelle. C'est en vertu de son passage que la nature poursuit toujours son mouvement. Est enveloppé dans la signification de cette propriété de *poursuivre son mouvement*, que non seulement tout acte de la conscience sensible n'est que cet acte et aucun autre, mais encore que le *terminus* de chaque acte est aussi unique et n'est le *terminus* d'aucun autre acte. La conscience sensible ne se saisit que de ce qui lui échoit et présente à la conscience quelque chose qui n'est que pour elle.

C'est en deux sens que le *terminus* de la conscience sensible est unique. Il est unique pour la conscience sensible d'un esprit individuel et il est unique pour la conscience sensible de tous les esprits opérant dans des conditions naturelles. Il y a une importante distinction entre ces deux aspects. 1) Pour un esprit non seulement le composant discerné du fait général manifesté dans un acte de conscience sensible, est distinct du composant discerné du fait général manifesté dans tout autre acte de conscience sensible de cet esprit, mais les deux durées correspondantes qui sont respectivement liées par la simultanéité à ces deux composants discernés, sont nécessairement distinctes. C'est là une manifestation du passage temporel | de **55** la nature ; à savoir qu'une durée a passé dans l'autre. Ainsi non seulement le passage de la nature est un caractère essentiel de la nature dans son rôle [1] de *terminus* de la conscience sensible, mais il est essentiel aussi pour la conscience sensible en elle-même. C'est cette vérité qui fait apparaître que le temps s'étend au-delà de la nature. Mais ce qui s'étend pour l'esprit

1. En français dans le texte.

au-delà de la nature, ce n'est pas le temps sériel et mesurable, lequel manifeste seulement le caractère du passage dans la nature, mais la qualité du passage lui-même qui n'est d'aucune façon mesurable, sauf dans la mesure où il prévaut dans la nature. Ce qui revient à dire que le *passage* n'est mesurable que pour autant qu'il advient dans la nature en liaison avec l'extension. Dans le passage, nous atteignons quelque chose qui lie la nature avec la réalité métaphysique ultime. La qualité du passage dans les durées est une manifestation particulière dans la nature d'une qualité qui s'étend au-delà de la nature. Par exemple, le passage est une qualité non seulement de la nature, qui est la chose connue, mais aussi de la conscience sensible, qui est la procédure du connaître. Les durées ont toutes la réalité qu'a la nature, bien que nous n'ayons pas besoin de déterminer pour l'instant ce que cela peut être. La mesurabilité du temps dérive des propriétés des durées. De même le caractère sériel du temps. Nous verrons qu'il y a dans la nature des systèmes temporels sériels concurrents, dérivant de familles de durées différentes. Celles-ci sont une particularité du caractère du passage tel qu'on le trouve dans la nature. Ce caractère a la réalité de la nature, mais nous ne devons pas nécessairement transférer le temps naturel à des entités extranaturelles. 2) Pour deux esprits, les composants du fait général qui sont discernés, manifestés dans les actes respectifs de leurs consciences sensibles, doivent être différents, car chaque esprit, dans sa conscience de la nature, est conscience d'un certain complexe d'entités naturelles corrélatives, dans leurs **56** relations au corps vivant comme à un foyer[1]. Mais les | durées correspondantes peuvent être identiques. Nous touchons ici à ce caractère du passage de la nature dont résultent les relations spatiales des corps simultanés. La possibilité de cette identité

---

1. *Focus.*

des durées dans ce cas de la conscience sensible d'esprits distincts, est ce qui lie en une nature les expériences privées des êtres sensibles. Nous sommes ici en face du côté spatial du passage de la nature. Le passage sous cet aspect semble s'étendre aussi au-delà de la nature, jusqu'à l'esprit.

Il importe de distinguer la simultanéité de l'instantanéité. Je n'insiste pas sur le simple usage courant des deux termes. Il existe deux concepts que je veux distinguer, l'un que j'appelle simultanéité, l'autre instantanéité. J'espère que les mots sont judicieusement choisis; mais cela n'a pas réellement d'importance dès lors que j'aurai réussi à traduire ce que je veux dire. La simultanéité est la propriété d'un groupe d'éléments naturels qui en quelque sens sont les composants d'une durée. Une durée peut être la nature entière présente en tant que fait immédiat posé par la conscience sensible. Une durée retient en elle le passage de la nature. Il y a en elle des parties antécédentes et d'autres subséquentes qui sont aussi des durées qui peuvent être les présents complets apparents de consciences sensibles plus rapides. En d'autres termes, une durée retient une épaisseur temporelle. Tout concept de la nature entière immédiatement connue, est toujours le concept de quelque durée, bien qu'il puisse être élargi dans son épaisseur temporelle au-delà du présent apparent possible d'un être connu de nous comme existant dans la nature. Ainsi la simultanéité est un facteur ultime et immédiat pour la conscience sensible.

L'instantanéité est le concept logique complexe d'une procédure de la pensée, par laquelle des entités logiques construites sont produites, pour le besoin d'exprimer | simple- **57** ment des propriétés de la nature dans la pensée. L'instantanéité est le concept de la nature entière à un instant, un instant étant conçu comme dépourvu de toute extension temporelle. Par exemple, nous formons un concept de la distribution de la matière dans l'espace à un instant. C'est un concept très utile dans la science, spécialement dans les mathématiques appliquées ; mais c'est une idée très complexe pour ce qui regarde ses liens avec les faits immédiats de la conscience sensible. Il n'existe aucune chose posée par la conscience sensible qui ressemble à la nature à un instant donné. Ce que la conscience sensible livre à la connaissance, c'est la nature à travers une période. C'est pourquoi la nature instantanée puisqu'elle n'est pas elle-même une entité naturelle, doit être définie dans les termes des entités naturelles originales. À moins de cela, notre science, qui emploie ce concept de nature instantanée, doit abandonner toute prétention à être fondée sur l'observation.

J'utiliserai le terme *moment* pour signifier *la nature entière à un instant*. Un moment, au sens où le terme est utilisé ici, n'a aucune extension temporelle, et à cet égard est à opposer à une durée, qui a une telle extension. Ce qui est directement offert à notre connaissance par la conscience sensible, est une durée. C'est pourquoi nous avons à expliquer maintenant comment les moments sont dérivés des durées, et à expliquer aussi en vue de quoi on les introduit.

Un moment est une limite vers quoi nous tendons quand nous limitons l'attention à des durées d'extension minimale. Les relations naturelles entre les éléments d'une durée gagnent en complexité quand nous considérons des durées d'extension temporelle croissante. Il existe donc une tendance vers la simplicité idéale quand on tend à une diminution idéale d'extension.

Le mot *limite* a une signification précise dans la logique des nombres et même dans la logique des séries unidimen- **58** sionnelles non-numériques. | Tel qu'il est utilisé ici, il n'est encore qu'une métaphore, et il est nécessaire d'exposer directement le concept qu'il est destiné à indiquer.

Les durées ont la propriété relationnelle à deux termes de s'étendre l'une sur l'autre. Ainsi la durée qui est la nature entière durant une certaine minute, s'étend sur la durée qui est la nature entière durant la trentième seconde de cette minute. Cette relation *s'étendre sur*[1] – je l'appellerai *extension* – est une relation naturelle fondamentale dont le champ comprend plus que les durées. C'est une relation que deux événements limités peuvent avoir l'un avec l'autre. En outre, quand elle s'applique à des durées, la relation paraît renvoyer à l'extension seulement temporelle. Je soutiendrai cependant que la même relation d'extension se trouve à la fois à la base de l'extension temporelle et spatiale. L'examen de ce point peut être remis à plus tard; et pour l'instant nous nous occupons simplement de la relation d'extension telle qu'elle advient sous son aspect temporel dans le champ limité des durées.

Le concept d'extension manifeste dans la pensée un aspect du fait ultime du passage de la nature. C'est une relation qui tient au caractère spécial que le passage prend dans la nature; c'est la relation qui, dans le cas des durées, exprime les propriétés du *recouvrement*[2]. Ainsi la durée qui était d'une minute recouvrait la durée qu'était sa trentième seconde. La durée de la trentième seconde était une partie de la durée de la minute. J'utiliserai les termes *tout* et *partie* exclusivement au sens où la partie est un événement qui est recouvert par l'extension[3] de l'autre événement qu'est le *tout*. Ainsi, dans ma terminologie, *tout* et *partie* renvoient exclusivement à cette relation fondamentale d'extension; en conséquence, dans cet usage technique, seuls des événements peuvent être soit des touts, soit des parties.

| La continuité de la nature découle de l'extension. Chaque **59** événement recouvre par son extension d'autres événements, et

---

1. *Extending over.*
2. *Passing over.*
3. *Extended over.*

chaque événement est recouvert par l'extension d'autres
événements. Ainsi, dans le cas spécial des durées qui sont les
seuls événements que nous considérions maintenant directement, chaque durée est une partie d'autres durées; et chaque
durée a d'autres durées qui sont des parties d'elle-même. Il n'y
a en conséquence ni durées maximum, ni durées minimum. Il
n'y a ainsi pas de structure atomique des durées, et la définition
parfaite d'une durée, permettant de délimiter son individualité
et de la distinguer des durées fort analogues qu'elle recouvre
ou qui la recouvrent, est un postulat arbitraire de la pensée.
La conscience sensible pose des durées comme facteurs de la
nature, mais ne rend pas la pensée clairement capable d'en user
pour distinguer les individualités séparées des entités d'un
groupe du même ordre, de durées légèrement différentes.
Voilà un exemple du caractère indéterminé de la conscience
sensible. L'exactitude est un idéal de la pensée et n'est réalisée
dans l'expérience que par la sélection d'une voie[1] d'approximation.

L'absence de durées maximum et minimum n'épuise pas
les propriétés de la nature qui lui confère la continuité. Le
passage de la nature implique l'existence d'une famille de
durées. Quand deux durées appartiennent à la même famille,
ou bien l'une contient l'autre, ou bien elles se chevauchent[2]
l'une l'autre dans une durée subordonnée, sans que l'une
contienne l'autre; ou bien elles sont complètement séparées.
Est exclu le cas de durées qui se chevaucheraient dans des
événements finis, sans contenir de troisième durée comme
partie commune.

Il est évident que la relation d'extension est transitive; en
effet, s'agissant des durées, si une durée A est une partie d'une

1. *Route.*
2. *Overlap.*

durée *B*, et la durée *B* une partie de la durée *C*, alors *A* | est une **60**
partie de *C*. Ainsi les deux premiers cas peuvent être combinés
en un seul, et nous pouvons dire que deux durées qui appartiennent à la même famille, *ou bien* sont telles qu'il existe des
durées qui sont des parties des deux, *ou bien* sont complètement séparées.

En outre, la converse de cette proposition est vraie : si deux
durées ont d'autres durées qui sont des parties d'elles deux, ou
bien si les deux sont complètement séparées, alors elles
appartiennent à la même famille.

Les caractéristiques supplémentaires de la continuité de la
nature – pour autant que cela concerne les durées – qui n'ont
pas encore été formulées, se présentent comme liées à une
famille de durées. Ce qui peut s'énoncer de cette manière : il y
a des durées qui contiennent comme leurs parties deux durées
quelconques d'une même famille. Par exemple, une semaine
contient comme ses parties deux quelconques de ses jours. Il
est évident qu'une durée contenante remplit les conditions
pour appartenir à la même famille que les durées contenues.

Nous sommes maintenant en mesure de passer à la
définition de ce qu'est un moment du temps. Considérez un
ensemble de durées, prises toutes dans la même famille.
Supposez-leur les propriétés suivantes : 1) entre deux membres
de l'ensemble, l'un contient l'autre comme une partie, et 2) il
n'y a aucune durée qui soit une partie commune de tout
membre de l'ensemble.

Or la relation du tout et de la partie est asymétrique ; et par
là j'entends que si *A* est une partie de *B*, alors *B* n'est pas une
partie de *A*. Nous avons noté aussi que la relation est transitive.
En conséquence, nous pouvons facilement voir que les durées
d'un ensemble possédant les propriétés ci-dessus, doivent être
disposées dans un ordre sériel unidimensionnel, dans lequel
nous tendons progressivement, en descendant la série, vers des

durées d'extension de plus en plus petites. La série peut démar-
61 rer par une durée arbitrairement choisie, | d'extension tempo-
relle quelconque, mais quand on descend la série, l'extension
temporelle se contracte progressivement et les durées successives sont incluses[1] l'une dans l'autre comme les boîtes gigo-
gnes d'un jeu chinois. Mais l'ensemble diffère de ce jeu en
particulier en ceci : le jeu comprend une boîte qui est la plus
petite et forme la boîte finale de la série ; mais l'ensemble des
durées ne peut comporter une durée qui soit la plus petite, ni ne
peut tendre vers une durée comme vers sa limite. Car les
parties de la durée finale ou de la limite, seraient des parties de
toutes les durées de l'ensemble, et ainsi la seconde condition
de l'ensemble serait violée.

J'appellerai un tel ensemble de durées un *ensemble
abstractif*[2] de durées. Il est évident qu'un ensemble abstractif,
quand nous le parcourons, tend vers l'idéal de la nature entière
sans extension temporelle, c'est-à-dire vers l'idéal de la nature
entière à un instant. Mais cet idéal est en fait l'idéal d'un non-
être[3]. Ce que l'ensemble abstractif fait en réalité, c'est servir
de guide à la pensée pour progresser vers la simplification des
relations naturelles, quand nous diminuons progressivement
l'extension temporelle des durées considérées. Or, toute la
question de cette procédure, c'est que les expressions quantitatives de ces propriétés naturelles tendent, elles, vers des limites, bien que l'ensemble abstractif ne tende vers aucune durée-
limite. Les lois qui lient ces limites quantitatives, sont des lois
de la nature *à un instant*, bien qu'en vérité il n'existe pas de
nature instantanée, et que cet ensemble ne soit qu'abstractif.
Ainsi un ensemble abstractif est effectivement l'entité visée

---

1. *Packed.*

2. *Abstractive set.* Impossible de traduire *abstractive* par *abstrait*, dont
nous aurons besoin pour traduire *abstract.*

3. *Nonentity.*

quand nous considérons un instant dans le temps sans extension temporelle. Il soutient toutes les démarches nécessaires pour donner une signification définie au concept des propriétés de la nature *à un instant*. J'admets tout à fait que ce concept est fondamental à l'expression de la science physique. La | difficulté est d'exprimer notre pensée dans les termes de **62** ce que la conscience sensible délivre, et je propose l'explication ci-dessus comme solution complète du problème.

Dans cette explication, un moment est l'ensemble des propriétés naturelles atteintes par voie d'approximation. Une série abstractive est une voie d'approximation. Il y a des voies d'approximation différentes menant au même ensemble limitatif[1] des propriétés naturelles. Autrement dit, il y a des ensembles abstractifs différents qui doivent être regardés comme des voies d'approximation du même moment. Il y a donc une certaine somme de détails techniques nécessaires à l'explication de tels ensembles abstractifs convergents au même point, et nécessaires pour se mettre en garde contre des exceptions possibles. L'exposition de tels détails ne convient pas à ces conférences, et j'en ai traité largement ailleurs *.

Dans un but technique, il convient mieux de voir dans le moment la classe des ensembles abstractifs de durées ayant même convergence. Avec cette définition (supposé que nous puissions réussir à expliquer ce que nous entendons par *même convergence* indépendamment de la connaissance détaillée de l'ensemble des propriétés naturelles atteintes par approximation), un moment est seulement une classe d'ensembles de durées dont les relations d'extension ont, les unes au regard des autres, certaines propriétés définies. Nous pouvons nommer

---

* Cf. *Enquête sur les principes de la connaissance naturelle*, Cambridge University Press, 1919.

1. *Limiting set.*

ces connexions entre durées composantes les propriétés *extrin-sèques* du moment; les propriétés *intrinsèques* du moment sont les propriétés de la nature vers quoi on tend comme vers une limite par la progression dans l'un de ses ensembles abstractifs. Ce sont les propriétés de la nature *à ce moment*, ou *à cet instant*.

63 |Les durées qui entrent dans la composition d'un moment appartiennent toutes à la même famille. Ainsi il existe une famille de moments correspondant à une famille de durées. Aussi, si nous prenons deux moments de la même famille, parmi les durées qui entrent dans la composition d'un moment, les durées les plus petites sont complètement séparées des durées les plus petites qui entrent dans la composition d'un autre moment. Ainsi les deux moments dans leurs propriétés intrinsèques doivent mettre en évidence les limites entre des états de la nature complètement différents. Les deux moments sont en ce sens complètement séparés. Je dirai *parallèles* deux moments de la même famille.

Il existe, correspondant à chaque durée, deux moments de la famille de moments qui leur est associée, qui sont les moments-frontières de cette durée. Un *moment-frontière* [1] d'une durée peut être défini comme suit : il y a des durées de même famille que la durée donnée, qui la chevauchent mais ne sont pas contenues en elle. Considérez un ensemble abstractif de telles durées. Pareil ensemble définit un moment qui est juste autant à l'extérieur de la durée qu'à l'intérieur. Un tel moment est un moment-frontière de la durée. Nous pouvons aussi nous fier à notre conscience sensible du passage de la nature pour nous aviser qu'il y a deux moments-frontières, à savoir le premier et le dernier. Nous les appellerons les frontières initiales et finales.

---

1. *Boundary moment.*

Il y a aussi des moments de même famille tels que les durées les plus courtes qui les composent, sont entièrement séparées de la durée donnée. On dira de pareils moments qu'ils se trouvent *à l'extérieur*[1] de la durée donnée. De même d'autres moments de la famille sont tels que les durées les plus courtes qui les composent sont des parties de la durée donnée. De tels moments sont dits se trouver *à l'intérieur* de la | durée **64** donnée, ou lui être *inhérents*[2]. On rend compte de cette manière de la famille entière des moments parallèles, par référence à une durée donnée de la famille de durées qui lui est associée. À savoir, il y a des moments de la famille qui se trouvent en dehors de la durée donnée, il y a les deux moments qui sont les moments-frontières de la durée donnée, et les moments qui se trouvent dans la durée donnée. En outre, deux moments quelconques de la même famille sont les moments-frontières d'une certaine durée de la famille de durées qu'on lui associe.

Il est maintenant possible de définir la relation sérielle qui ordonne temporellement les moments d'une même famille. Car, soit *A* et *C* deux moments de cette famille, ces moments sont les moments-frontières d'une durée *d* de la famille associée, et un moment *B* qui se trouve dans la durée *d* sera dit se trouver entre les moments *A* et *C*. Ainsi la relation à trois termes *se trouver entre*, reliant trois moments *A*, *B*, et *C*, est complètement définie. Notre connaissance du passage de la nature nous assure aussi que cette relation distribue les moments de la famille selon un ordre sériel. Je m'abstiens d'énumérer les propriétés déterminées qui confirment ce résultat, les ayant déjà énumérés dans mon livre récemment

1. *Outside.*
2. *Inhere in it.*

publié*, auquel j'ai déjà renvoyé. De plus, le passage de la nature nous permet de savoir qu'une direction suivie dans la série correspond au passage vers le futur, et l'autre direction à la rétrogradation vers le passé.

Pareille série ordonnée de moments est ce que nous entendons par le temps défini comme série. Chaque élément de la série manifeste un état instantané de la nature. Évidemment ce temps sériel est le résultat d'un processus intellectuel **65** | d'abstraction. Ce que j'ai fait a consisté à donner des définitions précises de la procédure par laquelle l'abstraction s'effectue. Cette procédure n'est qu'un cas particulier de la méthode générale que dans mon livre j'appelle la *méthode d'abstraction extensive*. Ce temps sériel n'est évidemment pas le véritable passage de la nature lui-même. Il manifeste quelques-unes des propriétés naturelles qui en découlent. L'état de la nature *à un moment* a évidemment perdu cette qualité ultime du passage. Aussi la série temporelle des moments le conserve seulement comme une relation extrinsèque d'entités, et non comme le produit de l'être essentiel des termes de la série.

On n'a encore rien dit de la mesure du temps. Une telle mesure ne suit pas seulement de la propriété sérielle du temps; elle requiert une théorie de la congruence qui sera abordée dans une conférence à venir.

Pour juger si cette définition de la série temporelle est une formulation adéquate de l'expérience, il est nécessaire de distinguer entre le donné brut de la conscience sensible [1] et nos théories intellectuelles. Le laps de temps est une quantité sérielle mesurable. La théorie scientifique toute entière dépend de ce présupposé et toute théorie de temps qui ne réussit pas à

---

* Cf. *Enquête*.

1. *Crude deliverance of sense-awareness.*

fournir une telle série mesurable, se condamne elle-même à rester incapable de rendre compte du fait même le plus saillant de l'expérience. Nos difficultés commencent seulement quand nous demandons ce qui est mesuré. C'est évidemment quelque chose de si fondamental dans l'expérience, que nous avons autant de peine à lui tourner le dos et à le mettre de côté qu'à l'envisager dans ses vraies proportions.

Nous devons d'abord décider si le temps est à chercher dans la nature ou la nature dans le temps. La difficulté de ce second terme de l'alternative – c'est-à-dire poser le primat du temps sur la nature – est que le temps devient alors | une **66** énigme métaphysique. Quelles sortes d'entités sont ses instants ou ses périodes ? En dissociant le temps des événements, se révèle immédiatement à notre examen que tenter d'ériger le temps en *terminus* indépendant pour la connaissance, est comme s'efforcer de trouver la substance dans une ombre. Il y a un temps parce qu'il y a des choses qui arrivent[1], et hors des choses qui arrivent il n'y a rien.

Il est cependant nécessaire de faire une distinction. En un sens le temps s'étend au-delà de la nature. Il n'est pas vrai qu'une conscience sensible intemporelle[2] et une pensée intemporelle se combinent pour contempler une nature toute temporelle[3]. La conscience sensible et la pensée sont elles-mêmes des processus aussi bien que leur *termini* dans la nature. En d'autres mots, il y a un passage de la conscience sensible et un passage de la pensée. Ainsi le règne de la qualité de passage s'étend au-delà de la nature. Mais la distinction s'établit maintenant entre le passage qui est fondamental et la série temporelle qui est une abstraction logique représentant

1. *Happenings.*
2. *Timeless.*
3. *Timefull.*

quelques-unes des propriétés de la nature. Une série temporelle, telle que nous l'avons définie, représente seulement
certaines propriétés d'une famille de durées – propriétés que
certes des durées sont seules à posséder parce qu'elles parti-
cipent au caractère du passage, mais, d'autre part, propriétés
que seules des durées possèdent réellement. C'est pourquoi
le temps compris comme série temporelle mesurable est un
caractère de la nature seule, et ne s'étend pas aux processus de
la pensée et de la conscience sensible, sauf en vertu d'une
corrélation de ces processus avec la série temporelle
impliquée dans leurs procédures.

On a considéré jusqu'ici le passage de la nature dans sa
liaison avec le passage des durées ; et dans cette liaison, il est
associé de façon particulière avec les séries temporelles. Nous
devons nous rappeler cependant que le caractère du passage
67 est associé de façon particulière avec l'extension des | événe-
ments, et que de cette extension est issue la transition spatiale
tout autant que la transition temporelle. L'examen de ce point
est réservé à une conférence ultérieure, mais il est nécessaire
de le rappeler au moment où nous sommes en train d'examiner
l'application du concept du passage au-delà de la nature, sans
quoi nous aurons une idée trop étroite de l'essence du passage.

Il est nécessaire de s'attarder sur le sujet de la conscience
sensible dans cette perspective, comme sur un exemple de la
manière dont le temps concerne l'esprit, bien que le temps
mesurable soit seulement abstrait de la nature et bien que la
nature soit voilée à l'esprit.

Considérez la conscience sensible – non pas son *terminus*
qui est la nature, mais la conscience sensible en elle-même
comme procé-dure de l'esprit. La conscience sensible est une
relation de l'esprit à la nature. Nous considérons donc maintenant l'esprit en tant que *relatum* dans la conscience sensible.
Dans l'esprit, il y a la conscience sensible immédiate, et il y a la

mémoire. La distinction entre la mémoire et l'immédiat présent a une double portée. D'une part, elle révèle que l'esprit n'a pas une conscience égale[1] de toutes ces durées naturelles auxquelles il est lié par la conscience. Sa conscience prend part au passage de la nature. Nous pouvons imaginer un être dont la conscience, conçue comme sa possession privée, n'éprouverait aucune transition, bien que le *terminus* de sa conscience soit notre nature transitoire. Il n'y a aucune raison essentielle pour laquelle la mémoire serait empêchée d'atteindre à la vivacité du fait présent; et alors du point de vue de l'esprit, quelle différence entre présent et passé? Même dans cette hypothèse nous pouvons aussi supposer que le souvenir vivace et le fait présent sont posés dans la conscience dans leur ordre temporel sériel. Nous devons donc admettre que, bien que nous puissions imaginer que l'esprit, dans l'opération de | conscience sensible, puisse être dépourvu de tout caractère de **68** passage, pourtant par le fait, notre expérience de la conscience sensible montre que nos esprits partagent ce caractère.

D'autre part le simple fait de la mémoire est une fuite hors du transitoire[2]. Dans la mémoire, le passé est présent. Il n'est pas présent comme dépassant[3] la succession temporelle de la nature, mais il est présent comme un fait immédiat pour l'esprit. C'est pourquoi la mémoire est un désengagement de l'esprit par rapport au pur passage de la nature; car ce qui a passé pour la nature n'a pas passé pour l'esprit[4].

---

1. *Is not impartially aware.*
2. *Escape from transience.*
3. *Overleaping.*
4. Nous traduisons littéralement (*for what has passed for nature has not passed for mind*); remplacer ici *avoir* par *être* introduirait d'une part une équivoque (passer exprime ici moins un état que l'acte du passage), et d'autre part une distorsion avec le texte du chapitre 2 où Whitehead jouait sur les auxiliaires : *cf.* p. 58, note 1.

Au surplus, la distinction entre mémoire et immédiat présent n'est pas si claire qu'on l'admet conventionnellement. Il existe une théorie intellectuelle du temps conçu comme une lame de couteau mobile et présentant le fait présent comme sans extension temporelle. Cette théorie découle du concept de l'exactitude idéale dans l'observation. Les observations astronomiques sont successivement affinées jusqu'à une exactitude du dixième, du centième et du millième de seconde. Mais ces affinements finalement atteints le sont par un système de moyennes, et même alors se présentent à nous avec une marge d'erreur formée par un écart temporel. Erreur est ici un terme purement conventionnel exprimant le fait que le caractère de l'expérience ne s'accorde pas avec l'idéal de la pensée. J'ai déjà expliqué comment le concept de moment concilie le fait observé avec cet idéal; en effet, il existe une simplicité restrictive dans l'expression quantitative des propriétés des durées, laquelle est atteinte en considérant un des ensembles abstractifs inclus dans le moment. Autrement dit, le caractère extrinsèque du moment comme agrégat de durées s'est associé le caractère intrinsèque du moment qui est l'expression restrictive des propriétés naturelles.

69 | Ainsi le caractère du moment et l'idéal d'exactitude qu'il renferme, n'affaiblit en rien la position selon laquelle le *terminus* ultime de la conscience sensible est une durée avec une épaisseur temporelle. Cette durée immédiate n'est pas clairement délimitée pour notre appréhension. Sa frontière initiale est brouillée par l'atténuation dans la mémoire et sa frontière finale est brouillée par l'émergence de l'anticipation. Il n'y a pas de distinction précise soit entre la mémoire et le présent immédiat, soit entre les deux extrêmes. Ainsi notre propre conscience sensible avec son présent étendu, a quelque chose du caractère de la conscience sensible de l'être imaginaire dont l'esprit était dépourvu de passage et qui contemplait la nature entière comme un fait immédiat. Notre présent à nous a ses parties antécédentes et conséquentes. Ainsi la seule différence à cet égard entre nous et notre être imaginaire est que pour lui la nature entière participe à l'immédiateté de notre durée présente.

La conclusion de cette étude est que, pour ce qui regarde la conscience sensible, il y a un passage de l'esprit qui peut être distingué du passage de la nature, quoiqu'il lui soit étroitement uni. Nous pouvons conjecturer, si nous voulons, que cette union du passage de l'esprit avec le passage de la nature, provient de leur double participation à un caractère ultime de passage dominant tout être. Mais ceci est une conjecture qui ne nous intéresse pas. La conséquence immédiate qui nous suffit est que – pour ce qui regarde la conscience sensible – l'esprit n'est pas dans le temps et dans l'espace au même sens où les événements de la nature sont dans le temps, mais | qu'il est **70** dans l'espace et le temps de façon dérivée, en raison de l'union particulière de son passage avec le passage de la nature. Ainsi l'esprit est dans le temps et dans l'espace dans un sens qui lui est particulier. Voilà une longue discussion pour en arriver à une conclusion très simple et évidente. Nous sentons qu'en un sens nos esprits sont ici dans cette pièce et à cet instant. Mais ce n'est pas tout à fait dans le même sens que celui dans lequel les événements de la nature que sont les existences de nos cerveaux, ont leurs positions spatiales et temporelles. La distinction fondamentale à retenir est que l'immédiat pour la conscience sensible n'est pas la même chose que l'instantané pour la nature. Cette conclusion a un rapport avec l'examen qui va suivre, par où je veux terminer cette conférence. La question peut être formulée ainsi : peut-on trouver dans la nature une autre sorte de série temporelle ?

Il y a quelques années une pareille suggestion eût été écartée comme bizarre et impossible. Elle n'aurait eu aucun rapport avec la science alors en cours et ne ressemblait à aucune des idées jamais entrées dans les rêveries de la philosophie. Les XVIIIᵉ et XIXᵉ siècles admettaient pour philosophie naturelle un certain cercle de concepts aussi rigides et définis que ceux de la philosophie du Moyen Âge, et qui étaient admis sans grande critique. J'appellerai cette philosophie naturelle le *matérialisme*. Non seulement les hommes de science étaient matérialistes, mais encore les sectateurs de toutes les écoles de philosophie. Les idéalistes différaient des philosophes matérialistes seulement sur la question de l'alignement de la nature par rapport à l'esprit. Mais nul ne doutait que la philosophie de la nature considérée en elle-même ne fût du type que j'ai appelé matérialisme. C'est la philosophie que j'ai examinée **71** dans les deux conférences précédentes. Elle | peut être résumée dans la croyance que la nature est un agrégat matériel et que cette matière existe en un sens dans chaque membre successif d'une série uni-dimensionnelle d'instants inétendus de temps. En outre, les relations mutuelles de ces entités matérielles à chaque instant disposent ces entités en une configuration spatiale dans un espace illimité. Il semblerait que l'espace – dans cette théorie – soit aussi instantané que les instants, et qu'une explication soit requise pour les relations entre les espaces instantanés successifs. La théorie matérialiste est cependant silencieuse sur ce point ; et la succession des espaces instantanés est tacitement combinée avec un espace unique permanent. Cette théorie n'est qu'une interprétation intellectuelle de l'expérience qui a eu la chance de trouver sa formulation à l'aube de la pensée scientifique. Elle a dominé le langage et l'imagination de la science depuis sa floraison à Alexandrie, avec pour résultat qu'il est à peine possible maintenant de parler sans paraître la supposer immédiatement évidente.

Mais quand elle est distinctement formulée dans les termes abstraits dans lesquels je viens de l'énoncer, cette théorie est très loin d'être évidente. Le complexe de facteurs qui passe, composant le fait qui sert de *terminus* à la conscience sensible, ne nous met face à rien qui corresponde à la trinité de ce matérialisme naturel. Cette trinité est composée 1) de la série temporelle des instants inétendus, 2) de l'agrégat des entités matérielles, 3) de l'espace qui résulte des relations matérielles.

Il y a un abîme entre ces présuppositions de la théorie intellectuelle du matérialisme et ce que la conscience sensible livre immédiatement. Je ne conteste pas que cette trinité matérialiste enferme des | caractères importants de la nature. Mais **72** il est nécessaire d'exprimer ces caractères dans les termes des faits de l'expérience. C'est exactement ce que dans cette conférence je me suis efforcé de faire en ce qui concerne le temps ; et il nous faut maintenant affronter la question : y a-t-il une seule série temporelle ? L'unicité de la série temporelle est présupposée par la théorie matérialiste de la nature. Mais cette théorie est seulement une théorie, de même que les théories aristotéliciennes si fort en crédit au Moyen Âge. Si dans cette conférence, j'ai en quelque manière réussi à atteindre derrière la théorie les faits immédiats, il s'en faut que la réponse soit aussi certaine. La question peut être transformée ainsi : y a-t-il une seule famille de durées ? Dans cette question, la signification de *famille de durées* a été précédemment définie dans cette conférence. La réponse maintenant n'est plus du tout évidente. Selon la théorie matérialiste, le présent instantané est le champ unique de l'activité créatrice de la nature. Le passé n'est plus et le futur n'est pas encore. Ainsi (selon cette théorie) l'immédiat de la perception est celui d'un présent instantané, et cet unique présent est le produit du passé et la promesse du futur. Mais nous rejetons ce présent instantané immédiatement donné. Il n'existe rien de tel qui puisse se trouver dans la nature. En tant que fait ultime, il est un non-être. Ce qui est immédiat pour la conscience sensible, c'est une durée. Maintenant une durée a en soi un passé et un futur; et les amplitudes[1] temporelles des durées immédiates de la conscience sensible sont très indéterminées et dépendent du sujet perceptif individuel. Il n'y a donc aucun facteur unique dans la nature qui serait pour tout sujet perceptif, de façon prééminente et nécessaire, le présent. Le passage de la nature ne laisse rien entre le passé et le futur. | Ce que nous percevons comme présent est la frange vivace de la mémoire colorée par l'anticipation. Cette vivacité éclaire le champ de ce que nous distinguons dans une durée. Mais aucune assurance ne peut être donnée par là que les choses qui arrivent dans la nature ne peuvent être rangées dans d'autres durées appartenant à des familles différentes. Nous ne pouvons même pas savoir que la série des durées immédiates posée par la conscience sensible d'un esprit individuel, appartient nécessairement toute à la même famille de durées. Il n'y a pas la plus légère raison de croire qu'il en est ainsi. Et certes, si ma théorie est correcte, ce ne sera pas le cas.

La théorie matérialiste a toute la complétude de la pensée du Moyen Âge, qui a une réponse complète pour chaque chose, qu'elle soit au ciel ou en enfer ou dans la nature. Elle a quelque chose de propre, avec son présent instantané, son passé évanoui, son futur sans existence et sa matière inerte. Cette propreté[2] est toute médiévale et s'accorde mal avec le fait brut.

La théorie que j'avance admet un plus grand mystère ultime et une ignorance plus profonde. Le passé et le futur se rencontrent et se mêlent dans un présent mal défini. Le passage

---

1. *Breadths.*
2. *Trimness.*

de la nature qui est seulement un autre nom de la force créatrice de l'existence, n'a pas cet étroit rebord[1] de présent instantané défini, à l'intérieur duquel il opère. Sa présence efficace qui pousse maintenant la nature en avant, doit être cherchée à travers le tout, dans le passé reculé aussi bien que dans la plus étroite étendue de la durée présente. Peut-être aussi dans le futur non réalisé. Peut-être aussi dans le futur qui pourrait être, non moins que dans le futur actuel qui va être. Il est impossible de méditer sur le temps et sur le mystère du passage créateur de la nature, sans une émotion irrésistible face aux limites de l'intelligence humaine.

1. *Ledge.*

LA MÉTHODE DE L'ABSTRACTION EXTENSIVE

Aujourd'hui notre conférence doit commencer par considérer les événements limités. Nous serons ensuite en mesure d'entamer une investigation des facteurs naturels dont notre conception de l'espace suppose la représentation.

La durée, qui est ce qui est immédiatement dévoilé à notre conscience sensible, est divisée en parties. Il y a cette partie qu'est la vie de la nature entière à l'intérieur d'une pièce, et il y a cette partie qu'est la vie de la nature à l'intérieur d'une table dans la pièce. Ces parties sont des événements limités. Elles ont la persistance[1] de la durée présente, et elles en sont des parties. Mais tandis qu'une durée est un tout illimité et, en un certain sens limité, est tout ce qu'il y a, un événement limité possède une limitation d'extension complètement définie, qui s'exprime pour nous en termes spatio-temporels.

Nous sommes habitués à associer à un événement une certaine qualité mélodramatique. Si un homme est écrasé, c'est là un événement compris dans certaines limites spatio-temporelles. Nous ne sommes pas habitués à considérer la persistance de la Grande Pyramide à travers une journée

1. *Endurance.*

définie, comme un événement. Mais le fait naturel qu'est la Grande Pyramide à travers une journée, signifiant par là la nature entière en elle, est un événement de même caractère que l'accident de l'homme, signifiant par là la nature entière en elle avec des limitations telles qu'y sont inclus l'homme et l'automobile durant la période où ils furent en contact.

75 | Nous sommes habitués à analyser ces événements selon trois facteurs, le temps, l'espace et la matière. En fait, nous leur appliquons d'emblée les concepts de la théorie matérialiste de la nature. Je ne nie pas que cette analyse soit utile pour exprimer des lois importantes de la nature. Ce que je nie, c'est qu'aucun de ces facteurs nous soit donné concrètement de façon indépendante dans la conscience sensible. Nous percevons l'unité d'un facteur dans la nature; et ce facteur est quelque chose qui se poursuit ici et maintenant. Par exemple, nous percevons la Grande Pyramide qui se poursuit dans ses relations avec la poursuite des événements environnants de l'Égypte. Nous sommes entraînés, à la fois par le langage, par l'enseignement conventionnel et la commodité qui en résulte, à exprimer nos pensées dans les termes de cette analyse matérialiste, si bien que nous tendons intellectuellement à ignorer la véritable unité du facteur réellement dévoilé dans la conscience sensible. C'est l'unité de ce facteur, retenant en soi le passage de la nature, qui est l'élément concret originairement distingué dans la nature. Ces facteurs originaires sont ce que j'entends par événements.

Les événements sont le domaine d'une relation à deux termes, la relation d'extension qu'on envisageait dans la conférence précédente. Les événements sont les choses liées par la relation d'extension. Si un événement *A* s'étend sur un événement *B*, alors B est une *partie* de *A*, et *A* est un *tout* dont *B* est une partie. Le tout et la partie sont invariablement pris, dans ces conférences, en ce sens défini. Il s'ensuit qu'en fonction de cette relation, deux événements quelconques A et B peuvent avoir l'un par rapport à l'autre l'une des quatre relations suivantes : 1) A peut s'étendre sur B, ou 2) B peut s'étendre sur A, ou 3) A et B peuvent ensemble s'étendre sur un troisième événement C, mais non l'un sur l'autre, ou 4) A et B peuvent être entièrement séparés. Ces possibilités peuvent être | clairement **76** illustrées par les diagrammes d'Euler, tels qu'ils apparaissent dans les manuels de logique.

La continuité de la nature est la continuité des événements. Cette continuité est seulement le nom donné à l'agrégat d'une variété de propriétés d'èvènements en connexion avec la relation d'extension.

Premièrement cette relation est transitive ; deuxièmement, chaque événement contient d'autres événements comme ses parties ; troisièmement, chaque événement est une partie d'autres événements ; quatrièmement, si deux événements finis sont donnés, il existe des événements tels que chacun contient les deux à la fois comme ses parties ; et cinquièmement, il existe une relation spéciale entre les événements que j'appelle *jonction*.

Deux événements sont en jonction quand il y a un troisième événement dont tous deux sont des parties, et tel qu'aucune de ses parties n'est séparée des deux événements donnés. Ainsi deux événements en jonction forment exactement un seul événement qui est en un sens leur somme.

Seules certaines paires d'événements ont cette propriété. En général, tout événement contenant deux événements, contient aussi des parties qui sont séparées de ces deux événements.

Il existe une autre définition de la jonction de deux événements que j'ai adoptée dans mon récent livre[1]. Deux

---

1. Cf. *Enquête*.

événements sont en jonction quand il existe un troisième événement a) qui chevauche[1] ces deux événements, et b) dont aucune partie n'est séparée des événements donnés. Si l'une de ces deux définitions est adoptée comme définition de la jonction, l'autre définition apparaît comme un axiome relatif au caractère de la jonction telle que nous la connaissons dans la nature. Mais nous pensons moins à la définition logique qu'à la formulation des résultats de l'observation. Il y a une certaine continuité | inhérente à l'unité observée d'un événement, et ces deux définitions de la jonction sont réellement des axiomes fondés sur une observation se rapportant au caractère de cette continuité.

77

Les relations du tout et de la partie et du chevauchement sont des cas particuliers de la jonction des événements. Mais il est possible à certains événements d'être en jonction quand ils sont séparés l'un de l'autre ; par exemple la partie supérieure et la partie inférieure de la Grande Pyramide sont séparées par un plan imaginaire horizontal.

La continuité que la nature doit aux événements a été obscurcie par les illustrations que j'ai été obligé d'en donner. Par exemple, j'ai pris l'existence de la Grande Pyramide comme un fait passablement célèbre auquel je pouvais faire appel sans risque comme illustration. C'est un type d'événement qui se montre à nous comme la situation d'un objet reconnaissable ; et dans l'exemple choisi l'objet est si largement reconnu qu'il a reçu un nom. Un objet est une entité d'un type différent de l'événement. Par exemple, l'événement qu'est la vie de la nature à l'intérieur de la Grande Pyramide hier et aujourd'hui est divisible en deux parties, soit la Grande Pyramide hier et la Grande Pyramide aujourd'hui. Mais l'objet reconnaissable qui est aussi appelé la Grande Pyramide est le

---

1. *Overlap.*

même objet aujourd'hui qu'il était hier. J'aurai à envisager la théorie des objets dans une autre conférence [1].

Ce point est entièrement brouillé par une fausse apparence de subtilité, du fait que, lorsque l'événement est la situation d'un objet bien identifié, le langage ne nous permet pas de distinguer l'événement de l'objet. Dans le cas de la Grande Pyramide, l'objet est l'entité une perçue qui, en tant que perçue, demeure identique à elle-même à travers | les âges ; **78** tandis que toute la danse des molécules et le jeu changeant du champ électromagnétique sont des éléments de l'événement. Un objet est en un sens en dehors du temps. Il est dans le temps seulement de façon dérivée, par la raison qu'il a cette relation aux événements que j'appelle *situation*. Cette relation de situation demandera à être examinée dans une conférence ultérieure.

Ce que je veux maintenant faire ressortir, c'est que la situation d'un objet bien identifié n'est pas une nécessité inhérente à un événement. Partout où et chaque fois que quelque chose se poursuit, il y a un événement. Bien plus, *partout* et *chaque fois*, en eux-mêmes, présupposent un événement, car l'espace et le temps en eux-mêmes sont des abstractions tirées des événements. C'est donc une conséquence de cette doctrine selon laquelle quelque chose se poursuit toujours et partout, même dans l'espace prétendu vide. Cette conclusion est en accord avec la science physique moderne qui suppose le jeu d'un champ électromagnétique à travers l'espace et le temps. Cette doctrine scientifique a été lancée sous la forme matérialiste de l'éther universellement répandu. Mais l'éther est à l'évidence un vain concept – selon les termes appliqués par Bacon à la doctrine des causes finales, c'est une vierge stérile. Rien ne s'en déduit ; et l'éther ne sert qu'un but, satisfaire les exigences de la théorie matérialiste. Le concept

1. *Cf.* chap. 7.

important est celui des faits mouvants d'un champ de forces. C'est le concept d'un éther d'événements qui devrait se substituer à celui d'un éther matériel.

Point n'est besoin d'illustration pour vous assurer qu'un événement est un fait complexe, et que les relations entre deux événements forment un dédale presqu'impénétrable. Le fil d'Ariane découvert par le sens commun et systématiquement **79** |utilisé dans la science est ce que j'ai appelé ailleurs* la loi de tendance vers la simplicité par diminution de l'extension.

Si *A* et *B* sont deux événements, et *A'* une partie de *A*, et *B'* une partie de *B*, alors, à beaucoup d'égards, les relations entre les parties, *A'* et *B'*, seront plus simples que les relations entre *A* et *B*. Tel est le principe qui préside à toute tentative d'observation exacte.

Le premier résultat de l'emploi systématique de cette loi a été la formulation des concepts abstraits d'Espace et de Temps. Dans la conférence précédente, j'ai esquissé comment l'application du principe permettait d'obtenir la série temporelle. Je m'attacherai maintenant à envisager comment on obtient les entités spatiales par la même méthode. Le procédé systématique est identique dans le principe, dans les deux cas, et j'ai appelé ce type général de procédure la *méthode d'abstraction extensive*.

Vous vous souvenez que, dans ma dernière conférence, j'ai défini le concept d'ensemble abstractif de durées. Cette définition peut être élargie de manière à s'appliquer à tout événement, les événements limités aussi bien que les durées. La seule modification requise est cette substitution du mot *événement* au mot *durée*. C'est pourquoi un ensemble abstractif d'événements est un ensemble d'événements possédant les deux propriétés suivantes : 1) entre les deux membres de

---

* Cf. *L'Organisation de la pensée*, p. 146 *sq.*, Williams & Norgate, 1917.

l'ensemble, l'un contient l'autre comme sa partie, 2) il n'y a aucun événement qui soit une partie commune de chaque membre de l'ensemble. Un tel ensemble, comme vous vous en souvenez, a les propriétés du jeu chinois des boîtes gigognes, l'une dans l'autre, avec cette différence que le jeu possède une boîte qui est la plus petite, tandis que la classe abstractive n'a pas d'événement qui soit le plus petit, | ni ne tend vers un **80** événement-limite qui n'est pas un membre de l'ensemble.

Ainsi, s'agissant des ensembles abstractifs d'événements, un ensemble abstractif ne converge vers rien. L'ensemble et ses membres deviennent indéfiniment toujours plus petits au fur et à mesure que la pensée avance dans la série en direction du plus petit; mais il n'y a aucun minimum absolu d'aucune sorte qui soit finalement atteint. En fait, l'ensemble est seulement lui-même et ne renvoie à rien d'autre, dans le déroulement des événements, qu'à lui-même. Mais chaque événement a un caractère intrinsèque dans sa manière de servir de situation à des objets et – pour formuler la chose en termes plus généraux – dans sa manière de fournir un champ à la vie de la nature. Ce caractère peut être défini par des expressions quantitatives exprimant des relations entre des quantités variées intrinsèques à l'événement, ou entre de telles quantités et d'autres quantités intrinsèques à d'autres événements. Dans le cas d'événements d'extension spatio-temporelle considérable, cet ensemble d'expressions quantitatives, est d'une complexité ahurissante. Soit e un événement; notons $q(e)$ l'ensemble des expressions quantitatives définissant son caractère y compris ses liens avec le reste de la nature. Soit e_1, e_2, e_3, etc., un ensemble abstractif dont les membres sont disposés de telle sorte que chaque membre e_n s'étend sur tous les autres membres suivants $e_n + 1$, $e_n + 2$, et ainsi de suite.

Alors, correspondant à la série

$$e_1, e_2, e_3, \ldots e_n, e_{n+1}, \ldots,$$

on a la série

$$q(e_1), q(e_2), q(e_3), \ldots q(e_n), q(e_{n+1}) \ldots$$

81 Appelons la série d'événements s et la série d'expressions quantitatives $q(s)$. La série s n'a pas de terme dernier et | n'a pas d'événements contenus dans chaque membre de la série. La série d'événements ne converge donc vers rien. Elle est seulement elle-même. La série $q(s)$ aussi n'a pas de terme dernier. Mais les ensembles de quantités homologues constants à travers les divers termes de la série convergent eux vers des limites définies. Par exemple si Q_1 est une mesure quantitative rencontrée en $q(e_1)$, et Q_2 l'homologue de Q_1 rencontré en $q(e_2)$, et Q_3 l'homologue de Q_1 et Q_2 rencontré en $q(e_3)$, et ainsi de suite, alors la série

$$Q_1, Q_2, Q_3, \ldots, Q_n, Q_{n+1}, \ldots,$$

bien que dépourvue de terme dernier, doit converger en général vers une limite définie. Il y a donc une classe de limites $l(s)$ qui est la classe des limites de ces membres de $q(e_n)$ qui ont des homologues à travers la série $q(s)$ quand n s'accroît indéfiniment. Nous pouvons représenter cette affirmation par un diagramme en utilisant une flèche ($\rightarrow$) signifiant *converger*. Alors

$$e_1, e_2, e_3, \ldots, e_n, e_{n+1}, \ldots \rightarrow rien,$$

et

$$q(e_1), q(e_2), q(e_3), \ldots, q(e_n), q(e_{n+1}), \ldots \rightarrow l(s).$$

Les relations mutuelles entre les limites dans l'ensemble $l(s)$, et aussi entre ces limites et les limites dans d'autres ensembles $l(s')$, $l(s'')$, ..., provenant d'autres ensembles abstractifs s', s'', etc., ont une simplicité particulière.

Ainsi l'ensemble s indique une simplicité idéale des relations naturelles, bien que cette simplicité ne soit le caractère d'aucun événement actuel de s. Nous pouvons donner une approximation d'une telle simplicité qui, numériquement estimée, est aussi précise que nous voulons, en considérant un événement assez éloigné dans la série quand on la parcourt en un sens décroissant[1]. On notera que ce qui importe, c'est la série infinie, | s'étendant en une succession sans fin en un sens **82** décroissant. L'événement arbitrairement grand qui ouvre la série, est sans aucune importance. Nous pouvons exclure arbitrairement tout ensemble événementiel du grand côté d'un ensemble abstractif, sans que soit perdue aucune propriété importante de l'ensemble ainsi modifié.

J'appelle le caractère-limite des relations naturelles indiqué par un ensemble abstractif, le *caractère intrinsèque* de l'ensemble ; les propriétés aussi, liées à la relation entre le tout et les parties, rapportée à ses membres, par laquelle un ensemble abstractif est défini, forment ensemble ce que j'appelle son *caractère extrinsèque*. Le fait que le caractère extrinsèque d'un ensemble abstractif détermine un caractère intrinsèque défini est la raison de l'importance des concepts exacts d'espace et de temps. Cette apparition d'un caractère intrinsèque défini dans un ensemble abstractif est la signification exacte de la loi de convergence.

Par exemple, nous voyons un train s'approcher pendant une minute. L'événement qu'est la vie de la nature incluse dans ce train et cette minute[2] est hautement complexe et l'expression de ses relations et des éléments de son caractère

---

1. *Towards the small end.*
2. *Within that train during the minut.*

nous déconcerte. Si nous prenons une seconde de cette minute,
l'événement plus limité ainsi obtenu est plus simple eu égard à
ses éléments, et des temps de plus en plus courts comme un
dixième de cette seconde, ou un centième, voire un millième
– aussi longtemps que nous avons une règle définie fournissant une succession événementielle définie en diminution –
donnent des événements dont les caractères constituants
convergent vers la simplicité idéale du caractère du train à un
instant défini. Bien plus, il existe différents types d'une telle
convergence vers la simplicité. Par exemple, nous pouvons
83 converger, comme ci-dessus, vers le caractère-limite | expri-
mant la nature instantanée à l'intérieur du volume entier du
train à cet instant, ou vers la nature instantanée à l'intérieur
d'une portion de ce volume – par exemple à l'intérieur de la
chaudière de la machine – ou vers la nature instantanée sur une
aire de surface, ou vers la nature instantanée sur une ligne dans
le train, ou vers la nature instantanée en un point quelconque
du train. Dans le dernier cas, les caractères-limite simples
atteints seront exprimés comme densités, gravités spécifiques
et types de matière. Bien plus, nous n'avons pas besoin de
tendre nécessairement vers une abstraction enveloppant la
nature instantanée. Nous pouvons tendre vers les éléments
physiques d'un certain point dont nous suivons la trace
pendant la minute entière. Il y a donc différents types de caractères extrinsèques conduisant à l'approximation de différents
types de caractères intrinsèques en tant que limites.

Nous passerons maintenant à l'investigation des liaisons
possibles entre les ensembles abstractifs. Un ensemble peut en
couvrir un autre. Je définis *couvrir* de la façon suivante : un
ensemble abstractif *p* couvre un ensemble abstractif *q* quand
chaque membre de *p* contient comme ses parties des membres
de *q*. Il est évident que si un événement *e* contient comme
partie un membre de l'ensemble *q*, alors en raison de la transi-

tivité de l'extension, chaque membre successif de *q* en un sens décroissant, est une partie de *e*. En pareil cas, je dirai que l'ensemble abstractif *q* est *inhérent* à l'événement *e*. Ainsi, quand un ensemble abstractif *p* couvre un ensemble abstractif *q*, l'ensemble abstractif *q* est inhérent à chaque membre de *p*.

Deux ensembles abstractifs peuvent se couvrir l'un l'autre. Quand c'est le cas, je dirai que les deux ensembles sont *égaux en force abstractive*. Quand il n'existe pas de danger de malentendu, j'abrégerai cette expression en disant simplement que les deux ensembles abstractifs sont *égaux*. La possibilité | de cette égalité des ensembles abstractifs provient du fait que **84** les deux ensembles, *p* et *q*, sont des séries infinies quand on les parcourt en un sens décroissant. Ainsi l'égalité signifie que, un événement *x* appartenant à *p* étant donné, nous pouvons toujours, en progressant dans *q* assez loin dans un sens décroissant, trouver un événement *y* qui est une partie de *x*, et qu'alors en avançant assez loin en un sens décroissant dans *p*, nous pouvons trouver un événement *z* qui est une partie de *y*, et ainsi de suite indéfiniment.

L'importance de l'égalité des ensembles abstractifs vient de ce qu'on suppose que les caractères intrinsèques des deux ensembles sont identiques. Si cela n'était pas le cas, c'en serait fait de toute observation exacte.

Il est évident que deux ensembles abstractifs égaux à un troisième ensemble abstractif, sont égaux entre eux. Un *élément abstractif* est le groupe entier d'ensembles abstractifs égaux à l'un quelconque d'entre eux. Ainsi tous les ensembles abstractifs appartenant au même élément sont égaux et convergent vers le même caractère intrinsèque. Ainsi un élément abstractif est le groupe des voies d'approximation conduisant à un caractère intrinsèque défini de simplicité idéale, à chercher comme une limite parmi les faits naturels.

Si un ensemble abstractif *p* couvre un ensemble abstractif *q*, alors tout ensemble abstractif appartenant à l'élément dont *p* est un membre, couvrira tout ensemble abstractif appartenant à l'élément dont *q* est un membre. Il est donc utile d'élargir la signification du terme *couvrir*, et de parler d'un élément abstractif *couvrant* un autre élément abstractif. Si de la même façon nous essayons d'étendre le terme *égal* pris au sens d'*égal en force abstractive*, il est manifeste qu'un ensemble abstractif peut seulement être égal à lui-même. Ainsi un élément abstractif a une unique force abstractive et est une construction tirée

85 d'événements, qui représente | un caractère intrinsèque défini atteint comme limite par l'emploi du principe de convergence vers la simplicité par diminution d'extension.

Quand un élément abstractif *A* couvre un élément abstractif *B*, le caractère intrinsèque de *A* inclut en un sens le caractère intrinsèque de *B*. Il s'ensuit que les énoncés relatifs au caractère intrinsèque de *B* sont en un sens des énoncés relatifs au caractère intrinsèque de *A* ; mais le caractère intrinsèque de *A* est plus complexe que celui de *B*.

Les éléments abstractifs forment les éléments fondamentaux de l'espace et du temps, et nous pouvons maintenant revenir à la considération des propriétés enveloppées dans la formation des classes spéciales rassemblant de tels éléments. Dans ma dernière conférence, j'ai déjà exploré une classe d'éléments abstractifs, c'est-à-dire les moments. Chaque moment est un groupe d'ensembles abstractifs, et les événements qui sont les membres de ces ensembles sont tous membres d'une même famille de durées. Les moments d'une famille forment une série temporelle ; et, si on admet l'existence de différentes familles de moments, il existe dans la nature des séries temporelles alternatives. Ainsi la méthode d'abstraction extensive explique l'origine des séries temporelles dans les termes des faits immédiats de l'expérience et, en même temps, admet l'existence de séries temporelles alternatives comme l'exige la théorie moderne de la relativité électromagnétique.

Maintenant tournons-nous vers l'espace. La première chose à faire est de découvrir la classe d'éléments abstractifs qui sont en un sens les points de l'espace. Un tel élément abstractif doit en un sens manifester une convergence vers un minimum absolu d'un caractère intrinsèque. Euclide a exprimé une fois pour toutes l'idée générale du point, | comme étant **86** sans partie et sans dimension. C'est ce caractère de minimum absolu que nous voulons saisir et exprimer dans les termes des caractères extrinsèques des ensembles abstractifs qui constitue un point. En outre, les points qui sont ainsi atteints représentent l'idéal d'événements sans aucune extension, bien qu'il n'existe en fait aucune entité semblable à ces événements idéaux. Ces points ne seront pas les points d'un espace extérieur intemporel, mais d'espaces instantanés. Notre exigence ultime est d'arriver à l'espace intemporel de la science physique, et aussi de la pensée commune, aujourd'hui teintée par les concepts de la science. Il conviendra de réserver le terme *point* à ces espaces quand nous y parviendrons. J'utiliserai donc le nom de *particules-événements* pour les limites idéales minimum des événements. Ainsi une particule-événement est un élément abstractif et, comme telle, est un groupe d'ensembles abstractifs; et un point – entendons un point de l'espace intemporel – sera une classe de particules-événements.

Il y a en outre un espace intemporel séparé correspondant à chaque série temporelle séparée, c'est-à-dire à chaque famille séparée de durées. Nous reviendrons plus tard aux points dans des espaces intemporels. Je n'en fais mention maintenant que pour que nous puissions comprendre les étapes de notre investigation. La totalité des particules-événements formera une multiplicité à quatre dimensions, la quatrième dimension

naissant du temps – autrement dit naissant des points d'un
espace intemporel qui sont autant de classes de particules-
événements.

Le caractère des ensembles abstractifs requis pour former
les particules-événements serait obtenu si nous pouvions les
définir comme ayant la propriété d'être couverts par tout
ensemble abstractif qu'eux-mêmes couvrent. Car alors tout
autre ensemble abstractif couvert par un ensemble de parti-
87 cules-événements, lui serait égal, et par conséquent | serait
un membre de la même particule-événement. Une particule-
événement ne pourrait donc couvrir aucun autre élément
abstractif. C'est la définition que j'ai proposée à l'origine lors
d'un congrès à Paris en 1914*. Une difficulté est cependant
enveloppée dans cette définition si on l'adopte sans rien y
ajouter, et je ne suis pas aujourd'hui satisfait de la manière
dont j'ai tenté de surmonter cette difficulté dans la communication citée.

La difficulté est celle-ci : une fois définies les particules-
événements, il est facile de définir l'agrégat de particules-
événements qui forment la frontière d'un événement ; et de là
de définir le point de contact possible sur leurs frontières pour
une paire d'événements dont l'un est une partie de l'autre.
Nous pouvons alors concevoir toutes les intrications de ten-
geance. En particulier, nous pouvons concevoir un ensemble
abstractif dont tous les membres ont un point de contact avec la
même particule-événement. Il est alors facile de prouver qu'il
n'y aura aucun ensemble abstractif ayant la propriété d'être
couvert par tout ensemble abstractif couvert par lui. J'expose
assez au long cette difficulté parce que son existence sert de
guide au déroulement du fil de notre raisonnement. Nous

---

* Cf. « La Théorie relationniste de l'espace », *Revue de métaphysique et de
morale*, vol. XXIII, 1916.

avons réussi à annexer une condition à la propriété radicale pour un ensemble d'être couvert par un ensemble abstractif couvert par lui. Quand nous examinons la question des conditions appropriées, nous trouvons qu'en plus des particules-événements, tous les autres éléments abstractifs spatiaux et spatio-temporels pertinents peuvent être définis de la même manière, en variant convenablement les conditions. Nous procédons donc d'une manière générale appropriée à un usage qui déborde les particules-événements.

Soit σ le nom d'une condition remplie par certains ensembles abstractifs. Je dis qu'un ensemble abstractif est | σ-*prime*, quand il a les deux propriétés, a) de satisfaire à une **88** condition σ et, b) d'être couvert par tout ensemble abstractif qui, à la fois, est couvert par lui et satisfait à la condition σ.

Autrement dit, vous ne pouvez pas trouver d'ensemble abstractif satisfaisant à la condition σ qui montre un caractère intrinsèque plus simple que celui d'un σ-prime.

Il existe aussi des ensembles abstractifs corrélatifs que j'appellerai les ensembles de σ-antiprime. Un ensemble abstractif est un σ-antiprime quand il a les deux propriétés, 1) de satisfaire à une condition σ, et 2) de couvrir tout ensemble abstractif qui, à la fois, le couvre et satisfait à la condition σ. Autrement dit, vous ne pouvez trouver d'ensemble abstractif satisfaisant à la condition σ, qui manifeste un caractère intrinsèque plus complexe que celui d'un σ-antiprime.

Le caractère intrinsèque d'un σ-antiprime a un certain minimum de plénitude parmi ces ensembles abstractifs qui sont soumis à la condition de satisfaire à σ; tandis que le caractère intrinsèque d'un σ-antiprime a un maximum correspondant de plénitude, et inclut tout ce qu'il peut dans ces circonstances.

Considérons d'abord de quelle aide peut nous être la notion d'antiprime, pour la définition des moments que nous

avons donnée dans la dernière conférence. Soit la condition σ
la propriété d'être une classe dont les membres sont tous des
durées. Un ensemble abstractif qui satisfait à cette condition
est ainsi un ensemble abstractif composé entièrement de
durées. Il convient alors de définir un moment comme le groupe
d'ensembles abstractifs qui sont égaux à un σ-antiprime, où
la condition σ a cette signification spéciale. On prendra en
considération que 1) chaque ensemble abstractif formant un
89 moment est un σ-antiprime |où σ a ce sens spécial, et que
2) nous avons exclu du nombre des moments les ensembles
abstractifs de durées qui ont tous une frontière commune, que
ce soit la frontière initiale ou la frontière finale. Nous excluons
ainsi des cas spéciaux susceptibles d'introduire de la confusion dans le raisonnement général. La nouvelle définition du
moment, qui remplace notre définition précédente, est (grâce à
la notion d'antiprimes) celle des deux qui comporte la
formulation la plus précise et la plus utile.

La condition particulière que représentait σ dans la
définition des moments, incluait quelque chose de plus que
tout ce qui peut être dérivé de la simple notion d'extension.
Une durée manifeste à la pensée une totalité. La notion de
totalité est quelque chose qui dépasse celle d'extension, bien
que les deux soient entremêlées dans la notion de durée.

De la même manière, la condition particulière σ requise
pour la définition d'une particule-événement, doit être
cherchée au-delà de la simple notion d'extension. La même
remarque est vraie pour les conditions particulières requises
pour les autres éléments spatiaux. Cette notion supplémentaire
s'obtient en distinguant entre la notion de *position* et la notion
de convergence vers un zéro idéal d'extension, que manifeste
un ensemble abstractif d'événements.

Afin de comprendre cette distinction, considérez un point
de l'espace instantané que nous concevons comme apparais-

sant à notre regard presque instantanément. Ce point est une particule-événement. Il a deux aspects. Sous l'un d'eux, il est là où il est. C'est sa position dans l'espace. Sous l'autre aspect, on l'atteint par ignorance de l'espace environnant et en concentrant l'attention sur l'ensemble décroissant[1] d'événements qui permet de s'approcher[2] vers lui. C'est son caractère extrinsèque. Ainsi un point a | trois caractères : sa position dans **90** l'espace instantané total, son caractère extrinsèque et son caractère intrinsèque. La même chose est vraie pour tout autre élément spatial. Par exemple un volume instantané dans l'espace instantané a trois caractères qui sont sa position, son caractère extrinsèque comme groupe d'ensembles abstractifs, et son caractère intrinsèque qui est la limite des propriétés naturelles indiquées par chacun de ces ensembles abstractifs.

Avant de parler de la position dans l'espace instantané, nous devons être tout à fait clairs sur ce que nous entendons par l'espace instantané en lui-même. L'espace instantané doit être envisagé comme le caractère d'un moment. Car un moment est la nature entière à un instant. Il ne peut être le caractère intrinsèque du moment. Car ce caractère intrinsèque nous découvre le caractère limite de la nature dans l'espace à tel instant. L'espace instantané doit être un assemblage d'éléments abstractifs considérés dans leurs relations mutuelles. Ainsi un espace instantané est l'assemblage d'éléments abstractifs couverts par un certain moment, et il est l'espace instantané de ce moment.

Nous avons à demander maintenant quel caractère nous avons trouvé dans la nature qui soit capable d'accorder aux éléments d'un espace instantané différentes qualités de position. Cette question nous conduit aussitôt à un sujet encore

---

1. *Smaller and smaller.*
2. *Approximate.*

non traité dans ces conférences, celui de l'intersection des moments.

Le *locus*[1] d'intersection de deux moments est l'assemblage d'éléments abstractifs couverts par deux d'entre eux. Or, deux moments de la même série temporelle ne peuvent s'intersecter. Deux moments appartenant respectivement à des familles différentes, s'intersectent nécessairement. Donc, dans | l'espace instantané d'un moment, nous devrions nous attendre à ce que les propriétés fondamentales soient marquées par les intersections avec des moments d'autres familles. Si M est un moment donné, l'intersection de M avec un autre moment A est un plan instantané dans l'espace instantané de M; et si B est un troisième moment intersectant à la fois M et A, l'intersection de M et B est un autre plan dans l'espace M. Également l'intersection commune de A, B et M est l'intersection de deux plans dans l'espace M, ou encore est une ligne droite dans l'espace M. Un cas exceptionnel se produit si B et M s'intersectent dans le même plan que A et M. En outre, si C est un quatrième moment, alors, mis à part les cas spéciaux que nous n'avons pas besoin d'envisager, il intersecte M dans un plan que rencontre la ligne droite (A, B, M). Ainsi il existe en général une intersection commune de quatre moments de familles différentes. Cette intersection commune est un assemblage d'éléments abstractifs qui sont chacun couverts (ou *se trouvent*) dans les quatre moments à la fois. La propriété de l'espace instantané d'avoir trois dimensions revient à ceci que (mis à part les relations spéciales entre les quatre moments), tout cinquième moment ou bien contient l'intégralité de leur intersection commune, ou bien n'en contient rien. Aucune subdivision supplémentaire de l'intersection commune n'est

91

---

1. *Locus* (terme latin conservé afin d'éviter la confusion avec l'anglais *place*).

possible au moyen des moments. Le principe du *tout ou rien*
s'applique ici. Ce n'est pas là une vérité *a priori*, mais un fait
empirique de la nature.

Il conviendra de réserver les termes spatiaux ordinaires
plan, *ligne droite*, *point* pour les éléments de l'espace intemporel d'un système temporel. En conséquence, on appellera
palier[1] un plan instantané de l'espace instantané d'un moment,
rect[2] une ligne droite instantanée, et *punct* un point instantané.
| Ainsi un punct est l'assemblage d'éléments abstractifs qui se   **92**
trouvent dans chacun des quatre moments dont les familles
n'ont pas de relations spéciales les unes avec les autres. Aussi,
si *P* est un moment, ou bien tout élément abstractif appartenant
à un punct donné se trouve en *P*, ou bien aucun élément
abstractif de ce punct ne se trouve en *P*.

La position est la qualité qu'un élément abstractif possède
en vertu des moments où il se trouve. Les éléments abstractifs
qui se trouvent dans l'espace instantané d'un moment *M* se
différencient les uns des autres par les autres moments variés
qui intersectent *M*, de telle manière qu'ils contiennent des
sélections variées de ces éléments abstractifs. C'est cette différenciation entre les éléments qui constitue la différenciation de
leurs positions. Un élément abstractif qui appartient à un punct
a le type de position en *M* le plus simple, un élément abstractif
qui appartient à un rect a une qualité de position plus complexe, un élément abstractif qui appartient à un palier et non
à un rect, a une qualité de position encore plus complexe, et
enfin la qualité de position la plus complexe revient à un élément abstractif qui appartient à un volume et non à un palier.
On n'a cependant pas encore défini ce qu'est un volume. Cette
définition sera donnée dans la prochaine conférence.

---

1. *Level.*
2. *Rect* (terme intraduisible, comme le suivant, *punct*).

Évidemment, les paliers, les rects et les puncts dans leur capacité d'agrégats infinis, ne peuvent être les *termini* de la conscience sensible et ne peuvent pas être les limites approchées par la conscience sensible. Un membre quelconque d'un palier a une certaine qualité qui provient de son caractère d'appartenance à un certain ensemble de moments, mais le palier pris comme un tout est une pure notion logique extérieure à toute voie d'approximation parcourant les entités posées dans la conscience sensible.

D'autre part, une particule-événement est définie de **93** manière |à montrer son caractère de voie d'approximation délimitée par les entités posées dans la conscience sensible. Une particule-événement se définit par rapport à un punct de la manière suivante : soit la condition σ la propriété de couvrir tous les éléments abstractifs qui sont membres de ce punct ; en sorte qu'un ensemble abstractif qui satisfait à la condition σ est un ensemble abstractif qui couvre tout élément abstractif appartenant à ce punct. Alors la particule-événement associée au punct est définie comme le groupe de tous les σ-prime, où σ a cette signification particulière.

Il est évident que – en supposant à σ cette signification – tout ensemble abstractif égal à un σ-prime est lui-même un σ-prime. Donc une particule-événement ainsi définie est un élément abstractif, c'est-à-dire est le groupe de ces ensembles abstractifs qui sont chacun égaux à quelque ensemble abstractif donné. Si nous écrivons notre définition de la particule-événement associée à un punct donné, que nous appellerons π, cela donne ce qui suit : la particule-événement associée à π est le groupe de classes abstractives dont chacune a les deux propriétés, 1) de couvrir tout ensemble abstractif dans π, et 2) d'être telle que tous les ensembles abstractifs qui satisfont aussi à la condition antérieure relative à p et qu'il couvre, le couvrent aussi.

Une particule-événement a une position en raison de son association avec un punct, et inversement le punct reçoit son caractère dérivé de voie d'approximation de son association à la particule-événement. Ces deux caractères du point se retrouvent toujours dans toute manière de traiter de la dérivation du point à partir de l'observation des faits de la nature, mais en général leur distinction n'est pas clairement établie.

| La simplicité particulière du point instantané a une double **94** origine, l'une liée à la position, c'est-à-dire à son caractère de punct, et l'autre liée à son caractère de particule-événement. La simplicité du punct provient de ce qu'il n'est pas divisible par un moment.

La simplicité d'une particule-événement provient de l'indivisibilité de son caractère intrinsèque. Le caractère intrinsèque d'une particule-événement est indivisible en ce sens que tout ensemble abstractif couvert par elle manifeste le même caractère intrinsèque. D'où suit que, bien qu'il y ait divers éléments abstractifs couverts par les particules-événements, il n'y a rien à gagner à les prendre en considération, puisque nous n'y gagnons aucune simplicité supplémentaire dans l'expression des propriétés naturelles.

Les deux caractères de simplicité dont jouissent respectivement les particules-événements et les puncts, donnent un sens à l'expression euclidienne *sans partie et sans grandeur*.

Il convient également d'écarter de nos pensées tous ces ensembles abstractifs isolés qui sont couverts par des particules-événements sans eux-mêmes en être membres. Ils ne nous donnent rien de neuf sur le sujet du caractère intrinsèque. Nous pouvons donc tenir les rects et les paliers pour de simples *loci*[1] de particules-événements. Ce faisant, nous éliminons aussi ces éléments abstractifs qui couvrent des

---

1. *Loci* : *cf.* note 1, p. 101, même chapitre.

ensembles de particules-événements. Il existe des classes de ces éléments abstractifs qui sont de grande importance. J'en poursuivrai l'étude plus tard dans cette conférence et dans d'autres. Pour l'instant, nous les ignorerons. Je parlerai aussi toujours de *particules-événements*, de préférence aux *puncts*, ce dernier mot étant un artifice pour lequel je n'ai pas une grande affection.

95 |Le parallélisme dans les rects et les paliers peut être maintenant expliqué.

Considérez l'espace instantané appartenant à un moment *A*, et supposez que *A* appartient à la série temporelle de moments que j'appellerai α. Considérez une autre série temporelle de moments que j'appellerai β. Les moments de β ne s'intersectent pas entre eux et ils intersectent le moment *A* dans une famille de paliers. Aucun de ces paliers ne peut en intersecter un autre, et ils forment une famille de plans parallèles instantanés dans l'espace instantané du moment *A*. Ainsi le parallélisme des moments dans une série temporelle engendre le parallélisme des paliers dans un espace instantané, et de là – comme on le voit aisément – le parallélisme des rects. La propriété euclidienne de l'espace provient donc de la propriété parabolique du temps. La raison demande peut-être qu'on adopte une théorie hyperbolique du temps et une théorie hyperbolique correspondante de l'espace. Une telle théorie n'ayant pas été élaborée, il n'est pas possible de juger du caractère de la preuve qu'on pourrait avancer en sa faveur.

La théorie de l'ordre dans un espace instantané est immédiatement dérivée de l'ordre temporel. Considérez en effet l'espace à un moment *M*. Supposez qu'α est le nom d'un système temporel auquel *M* n'appartient pas. Soient A_1, A_2, A_3, etc., des moments de α dans l'ordre de leurs occurrences. Alors A_1, A_2, A_3, etc., intersectent *M* aux paliers parallèles l_1, l_2, l_3, etc. Alors l'ordre relatif des paliers parallèles dans l'espace de *M* est le même que l'ordre relatif des moments correspondants dans le système temporel α. Un rect en *M* qui intersecte tous ces paliers dans son ensemble de puncts, reçoit par là pour ses puncts un ordre de position (sur lui). Ainsi l'ordre spatial dérive de l'ordre temporel. En outre, il existe des systèmes temporels alternatifs, mais il y a seulement un ordre spatial défini dans chaque | espace instantané. C'est **96** pourquoi les diverses manières de dériver l'ordre spatial de systèmes temporels divers doivent s'harmoniser avec un ordre spatial dans chaque espace instantané. De cette façon aussi des ordres temporels divers sont comparables.

Il nous reste encore deux grandes questions à régler avant d'arrêter complètement notre théorie de l'espace. L'une est la question de la détermination des méthodes de mesure de l'espace, autrement dit la théorie de la congruence de l'espace. On verra que la mesure de l'espace est étroitement liée à la mesure du temps dont les principes n'ont pas encore été déterminés. Ainsi notre théorie de la congruence sera à la fois une théorie de l'espace et du temps. En second lieu vient la détermination de l'espace intemporel qui correspond à un système temporel particulier, avec son ensemble infini d'espaces instantanés dans ses moments successifs. C'est l'espace – du moins ce sont les espaces – de la science physique. On a coutume d'écarter cet espace en disant qu'il est conceptuel. Je ne comprends pas l'intérêt de ces expressions. Je suppose qu'on veut dire que l'espace est la conception de quelque chose dans la nature. Si donc l'espace de la science physique doit être dit conceptuel, je demande : de quoi dans la nature est-il la conception ? Par exemple, quand nous parlons d'un point dans l'espace intemporel de la science physique, je suppose que nous parlons de quelque chose dans la nature. Si nous ne parlons pas de cela, nos savants exercent leur esprit dans le royaume de la pure fantaisie, et ce n'est manifestement pas le

cas. Revendiquer ainsi la définition d'un *Habeas Corpus* pour
la production des entités pertinentes dans la nature, est valable
que l'espace soit relatif ou absolu. Selon la théorie de l'espace
97 relatif, |on peut peut-être soutenir qu'il n'y a pas d'espace
intemporel pour la science physique, et qu'il existe seulement
des espaces instantanés dans une série de moments.

Il faut alors une explication à la signification de l'énoncé
très commun qui dit que tel ou tel homme a marché quatre
miles en une heure. Comment pouvez-vous mesurer la distance d'un espace dans un autre espace? Et je ne parle pas
d'une marche sur le papier d'une carte d'état-major. Mais quel
sens y a-t-il à dire que Cambridge à 10 heures ce matin, dans
l'espace instantané approprié à cet instant, est à 52 miles de
Londres à 11 heures ce matin, dans l'espace instantané approprié à cet instant? Cela me dépasse entièrement. Je crois que
vous découvrirez que, lorsqu'on a donné une signification à
cet énoncé, ce fut par une construction de ce qui est en fait
l'espace intemporel. Ce que je ne peux comprendre, c'est
comment produire une explication de cette signification sans
en effet une telle construction. Aussi je me permets d'ajouter
que je ne sais pas comment les espaces instantanés sont ainsi
reliés en un seul espace par une méthode valable selon les
théories courantes de l'espace.

Vous aurez remarqué qu'en supposant une pluralité de
systèmes temporels, nous sommes parvenus à une explication
du caractère de l'espace. Dans la science naturelle *expliquer*
signifie seulement découvrir des *interconnexions*. Par exemple, il n'y a en un sens aucune explication du rouge que vous
voyez. C'est rouge et il n'y a rien d'autre à en dire. Ou bien
c'est posé devant vous dans la conscience sensible, ou bien
vous ignorez l'entité rouge. Mais la science a expliqué le
rouge. Elle a en effet découvert des interconnexions entre le
facteur rouge dans la nature et d'autres facteurs dans la nature,

par exemple des ondes lumineuses qui sont des ondes de perturbations électromagnétiques. | Il existe aussi divers états **98** pathologiques du corps qui conduisent à la vision du rouge en l'absence d'ondes lumineuses. Ainsi des connexions ont été découvertes entre le rouge posé dans la conscience sensible et d'autres facteurs variés dans la nature. La découverte de ces connexions constitue l'explication scientifique de notre vision de la couleur. De manière semblable, la dépendance du caractère de l'espace par rapport au caractère du temps constitue une explication au même sens où la science cherche à expliquer. L'entendement systématise et a en horreur les simples faits. Le caractère de l'espace a été jusqu'ici présenté comme une collection de simples faits, ultimes et sans liens[1]. La théorie que j'avance ici élimine cette absence de lien[2] entre les faits spatiaux.

---

1. *Disconnected.*
2. *Disconnection.*

L'ESPACE ET LE MOUVEMENT

Cette conférence a pour objet de poursuivre l'effort en vue
d'expliquer la construction des espaces en tant qu'abstractions
tirées des faits de la nature. On a noté, à la fin de la conférence
précédente que la question de la congruence n'avait pas encore
été examinée, ni non plus la construction d'un espace intemporel susceptible de relier les espaces des instants successifs [1]
d'un système temporel donné. En outre on avait noté aussi
qu'il y avait beaucoup d'éléments abstractifs spatiaux qui
n'avaient pas encore été définis. Nous allons envisager
d'abord la définition de quelques-uns de ces éléments
abstractifs, c'est-à-dire les définitions des solides, des aires [2],
et des voies [3]. Par *voie* j'entends un segment linéaire, droit ou
courbe. L'exposition de ces définitions et les explications
préliminaires serviront, je l'espère, à l'explication générale de
la fonction des particules-événements dans l'analyse de la
nature.

---

1. *The successive momentary spaces.*
2. *Areas.*
3. *Routes.*

Nous remarquons que les particules-événements ont une *position* les unes par rapport aux autres. Dans la conférence précédente j'ai expliqué que cette *position* était une qualité échue à un élément spatial en vertu de l'intersection entre des moments qui le recouvraient. Ainsi chaque particule-événement a en ce sens une position. La manière la plus simple d'exprimer la position dans la nature d'une particule-événement est de la fixer d'abord à un système temporel défini. Appelons-le α. Il y aura un moment de la série temporelle d'α qui couvrira la particule-événement donnée. Ainsi la position de la particule-événement dans la série temporelle α est défi-
100 nie par ce moment, | que nous appellerons *M*. La position de la particule dans l'espace de *M* est alors fixée d'ordinaire par trois paliers qui s'intersectent et ne s'intersectent qu'en elle. Cette manière de fixer la position d'une particule-événement montre que l'agrégat des particules-événements forme une multiplicité quadridimensionnelle. Un événement fini occupe une portion de cette multiplicité en un sens que je vais maintenant expliquer.

Soit *e* un événement quelconque. La multiplicité[1] des particules-événements se divise en trois ensembles se rapportant à *e*. Chaque particule-événement est un groupe d'ensembles abstraits égaux et chaque ensemble abstrait est composé, en suivant l'ordre décroissant[2], d'événements finis de plus en plus petits. Quand nous choisissons parmi ces événements finis qui entrent dans la constitution d'une particule-événement donnée, ceux qui sont assez petits, trois cas se présentent. Ou bien a) tous ces petits événements sont entièrement séparés de l'événement donné *e*, ou bien b) tous ces petits événements sont des parties de l'événement *e*, ou bien

1. *Manifold.*
2. *Towards its small-end.*

c) tous ces petits événements recouvrent l'événement *e* mais n'en sont pas des parties. Dans le premier cas, la particule-événement sera dite *externe*[1] à l'événement *e*; dans le second cas, la particule-événement sera dite *interne* à l'événement *e*; et dans le troisième cas, la particule-événement sera dite *particule-frontière* de l'événement *e*. Ainsi il y a trois ensembles de particules : l'ensemble de celles qui sont externes à l'événement *e*, l'ensemble de celles qui sont internes à l'événement *e*, et la frontière de l'événement *e* qui est l'ensemble des particules-frontières de *e*. Puisqu'un événement a quatre dimensions, la limite d'un événement est une multiplicité à trois dimensions. Pour un événement fini, la frontière est continue; pour une durée, la frontière consiste en ces particules-événements qui sont recouvertes par chacun des deux moments limitants. Ainsi la limite d'une durée consiste en deux moments | spatiaux[2] à trois dimensions. On dira d'un événement qu'il **101** *occupe* l'agrégat des particules-événements qui lui sont internes.

Deux événements ayant une *jonction* au sens où la jonction a été définie dans ma conférence précédente, et cependant séparés en sorte qu'aucun des deux ne recouvre l'autre ou n'en soit une partie, seront dits *adjoints*.

De cette relation d'adjonction découle une relation particulière entre les frontières des deux événements. Les deux frontières doivent avoir une portion commune qui est en fait un *locus*[3] continu à trois dimensions de particules-événements dans la multiplicité à quatre dimensions.

Un *locus* à trois dimensions de particules-événements qui forme la portion commune de la frontière de deux événements

---

1. *Lie outside.*
2. *Momentary spaces.*
3. *Locus : cf.* chap. 4, p. 101, note 1.

adjoints sera appelé un *solide*. Un solide peut ou non se trouver tout entier en un même moment. Un solide qui ne se trouve pas en un seul et même moment sera dit *errant*[1]. Un solide qui se trouve en un seul et même moment sera appelé un volume. Un volume peut être défini comme le *locus* des particules-événements dans lesquelles un moment et un événement s'intersectent, à supposer qu'il y ait effectivement intersection des deux. L'intersection d'un moment et d'un événement consistera évidemment en ces particules-événements que recouvre le moment et qui sont internes à l'événement. L'identité des deux définitions du volume est évidente quand nous nous rappelons qu'un moment d'intersection divise l'événement en deux événements adjoints.

Un solide ainsi défini, qu'il soit errant ou qu'il soit un volume, n'est qu'un agrégat de particules-événements représentant une certaine qualité de position. Nous pouvons aussi définir un solide comme un élément abstractif. Pour ce faire revenons à la théorie des Primes exposée dans la conférence précédente. Soit σ la condition pour que chacun des événements d'un ensemble abstractif qui y satisfait, ait en lui toutes les particules-événements d'un solide particulier. | Alors le groupe de tous les σ-prime est l'élément abstractif associé au solide donné. J'appellerai cet élément abstractif le solide en tant qu'élément abstractif, et l'agrégat des particules-événements le solide en tant que *locus*. Les volumes instantanés[2] dans l'espace instantané qui sont les idéaux de notre perception sensible sont des volumes en tant qu'éléments abstractifs. Ce que nous percevons réellement, dans tous nos efforts vers l'exactitude, ce sont de petits événements assez éloignés dans

102

1. *Vagrant.*
2. *Instantaneous.*

l'ordre décroissant[1] dans un ensemble abstractif appartenant au volume comme élément abstractif.

Il est difficile de savoir à quel point nous sommes éloignés de pouvoir avoir la perception des solides errants. Nous ne pensons certainement pas que nous puissions en approcher tant soit peu. Mais alors nos pensées – dans le cas des gens qui ont des pensées sur de telles matières – sont à ce point sous l'empire de la théorie matérialiste de la nature qu'elles ne peuvent guère avoir valeur de preuves. Si la théorie de la gravitation d'Einstein comporte quelque vérité, les solides errants sont de grande importance dans la science. La frontière entière d'un événement fini peut être considérée comme un exemple particulier de solide errant en tant que *locus*. Sa propriété particulière d'être fermée empêche qu'elle soit définissable en tant qu'élément abstractif.

Dans l'intersection d'un moment avec un événement, il y a aussi intersection de ce moment avec la frontière de cet événement. Ce *locus*, qu'est la portion de la frontière contenue dans le moment, est la surface-frontière du volume correspondant à cet événement contenu dans ce moment. C'est un *locus* à deux dimensions.

Le fait que chaque volume a une surface-frontière est l'origine de la continuité dedekindienne de l'espace.

Un autre événement peut être intersecté par le même moment en un autre volume et ce volume aura aussi sa frontière. Ces deux volumes dans | l'espace instantané en un **103** moment peuvent se recouvrir mutuellement de la manière ordinaire que je n'ai pas besoin de décrire en détail, et ainsi

---

1. *Far enough down.*

découper des portions de surface l'un de l'autre. Ces portions de surfaces sont des *aires momentuelles*[1].

Il n'est pas nécessaire maintenant d'entrer dans la complexité d'une définition des aires errantes. Leur définition est assez simple quand la multiplicité quadridimensionnelle des particules-événements aura été plus complètement explorée quant à ses propriétés.

Les aires momentuelles peuvent évidemment être définies comme éléments abstractifs par exactement la même méthode que celle appliquée aux solides. Nous avons seulement à substituer *aire* à *solide* dans les termes de la définition déjà donnée. Egalement, exactement comme dans le cas analogue du solide, ce que nous percevons comme une approximation de notre idéal d'une aire est un petit évènement assez éloigné dans l'ordre décroissant dans l'ensemble abstractif égal qui appartient à cette aire en tant qu'élément abstractif.

Deux aires momentuelles situées dans le même moment peuvent se couper l'une l'autre en un segment momentuel qui n'est pas nécessairement rectiligne. Un tel segment peut aussi être défini en tant qu'élément abstractif. On l'appelle alors une *voie momentuelle*. Nous ne nous attarderons pas en considérations générales sur ces voies momentuelles et il n'est pas important pour nous de pousser plus à fond l'investigation sur les voies errantes en général. Il y a cependant deux ensembles simples de voies qui sont d'importance vitale. L'un est un ensemble de voies momentuelles et l'autre de voies errantes. Les deux ensembles peuvent être rangés ensemble parmi les voies droites[2]. Tentons de les définir sans référence aux définitions des volumes et des surfaces.

---

1. *Momental areas* : Whitehead forge l'adjectif *momental* que nous traduisons par *momentuel*, à côté de *momentary* que nous traduisons par *momentané*.
2. *Straight*.

Les deux types de voies droites seront appelés voies
rectilignes et stations. Les voies rectilignes sont | des voies **104**
momentuelles et les stations sont des voies errantes. Les voies
rectilignes sont des voies qui en un sens sont situées sur[1] des
rects. Deux particules-événements quelconques sur un rect
définissent l'ensemble des particules-événements qui se
trouvent entre elles sur ce rect. Supposons que satisfaire à la
condition σ pour un ensemble abstractif signifie que les deux
particules-événements données et les particules-événements
comprises entre elles sur le rect, soient toutes situées dans
chaque événement appartenant à l'ensemble abstractif. Le
groupe des σ-prime, où σ a cette signification, forme un élément abstractif. De tels éléments abstractifs sont des voies
rectilignes. Ils sont les segments de lignes droites instantanées
qui sont les idéaux de la perception exacte. Notre perception
actuelle, pourtant exacte, sera la perception d'un petit événement assez éloigné dans l'ordre décroissant dans l'un des
ensembles abstractifs de l'élément abstractif.

Une station est une voie errante et aucun moment ne peut
couper une station en plus d'une particule-événement. Ainsi
une station comporte une comparaison des positions dans leurs
moments respectifs des particules-événements qu'elle couvre.
À l'intersection de ces moments naissent des rects. Mais
jusqu'à maintenant aucune propriété événementielle n'a
été mentionnée qui permette de trouver des *loci* errants
semblables.

Le problème général de notre investigation est de
déterminer une méthode pour comparer des positions dans un
espace instantané avec des positions dans d'autres espaces
instantanés. Nous pouvons nous limiter aux espaces des
moments parallèles d'un système temporel. Comment les

1. *In.*

positions dans ces espaces variés sont-elles comparables ? En
d'autres termes, qu'entendons-nous par mouvement ? À cette
question fondamentale doit répondre toute théorie de l'espace
relatif, et comme beaucoup d'autres questions fondamentales,
elle est susceptible de rester sans réponse. On ne se contentera
105 pas de répondre que | nous savons tous ce que nous entendons
par mouvement. Évidemment, nous le savons, dans les limites
de notre conscience sensible. Je demande que votre théorie de
l'espace puisse fournir une nature avec quelque chose à
observer. Vous n'avez pas réglé la question en avançant une
théorie selon laquelle il n'y a rien à observer, et par là répétant
que néanmoins nous observons bien ce fait non-existant. À
moins que le mouvement ne soit quelque chose comme un fait
dans la nature, l'énergie cinétique, la force vive, et tout ce qui
dépend de ces concepts physiques, disparaît de notre liste des
réalités physiques. Même par ces temps révolutionnaires, mon
conservatisme s'oppose résolument à identifier la force vive à
un conte en l'air.

C'est pourquoi je pose comme un axiome que le
mouvement est un fait physique. C'est quelque chose que nous
percevons dans la nature. Le mouvement présuppose le repos.
Jusqu'à ce que la théorie ne réussît à corrompre l'intuition
immédiate, c'est-à-dire à corrompre les jugements spontanés [1]
qui naissent immédiatement de la conscience sensible, nul ne
doutait que dans le mouvement on ne laisse en arrière quelque
chose qui est au repos. Abraham dans ses pérégrinations laisse
sa patrie où elle a toujours été. Une théorie du mouvement et
une théorie du repos sont la même chose vue sous des aspects
différents, plus ou moins accentués.

Or vous ne pouvez avoir de théorie du repos qui n'admette
en un certain sens une théorie de la position absolue. On admet

---

1. *Uncriticised.*

ordinairement que l'espace relatif implique qu'il n'y a pas de position absolue. C'est là, selon moi, une erreur. Cette supposition vient de ce qu'on oublie de faire une autre distinction ou qu'il peut y avoir des définitions différentes de la position absolue. Cette possibilité apparaît aussitôt qu'on admet des systèmes temporels différents. Ainsi, de la série des espaces compris dans | les moments parallèles d'une série temporelle, **106** il peut y avoir une définition propre de leur position absolue liant des ensembles de particules-événements dans ces différents espaces, de telle façon que chaque ensemble consiste en particules-événements, chacun appartenant à un espace, et possédant tous la propriété d'occuper la même position absolue dans cette série d'espaces. Un tel ensemble de particules-événements formera un point dans l'espace intemporel de ce système temporel. Ainsi un point est réellement une position absolue dans l'espace intemporel d'un système temporel donné.

Mais il y a d'autres systèmes temporels, et chaque système temporel a son groupe particulier de points – c'est-à-dire sa propre décision de la position absolue. C'est là précisément la théorie que je veux approfondir.

Quand on cherche dans la nature une preuve de la position absolue, il ne sert de rien de revenir à la multiplicité quadri-dimensionnelle des particules-événements. Cette multiplicité a été obtenue par l'extension de la pensée au delà de l'observation immédiate. Nous n'y trouverons rien excepté ce que nous y avons mis pour représenter dans la pensée les idées qui proviennent de notre conscience sensible directe de la nature. Pour saisir les propriétés qu'on peut trouver dans la multiplicité des particules-événements nous devons toujours revenir à l'observation des relations entre événements. Notre problème est de déterminer ces relations entre événements qui aboutissent à la propriété de la position absolue dans un espace

intemporel. Ce problème consiste à déterminer en fait la
signification exacte des espaces intemporels de la physique.

Revoyant les facteurs de la nature immédiatement offerte à
la conscience sensible, nous devons noter le caractère fondamental du percept *être ici*. Nous discernons un événement
simplement comme un facteur dans un complexe déterminé où
chaque facteur a sa propre part particulière.

107 | Il y a deux facteurs qui sont des ingrédients universels de
ce complexe, l'un est la durée qui est représentée dans la
pensée par le concept de la nature entière présente en ce
moment, l'autre le *locus standi* particulier de l'esprit enveloppé dans la conscience sensible. Ce *locus standi* dans la
nature est ce que représente dans la pensée le concept *ici*, ou
mieux le concept de *l'événement-ici*.

C'est là le concept d'un facteur défini dans la nature. Ce
facteur est un événement dans la nature qui est le siège dans la
nature de cet acte de conscience, et les autres événements sont
perçus par rapport à lui. Cet événement est une partie de la
durée qui lui est associée. Je l'appelle *l'événement percevant*.
Cet événement n'est pas l'esprit, c'est-à-dire celui qui perçoit.
Il est ce dans la nature à partir de quoi l'esprit perçoit.
L'assiette complète de l'esprit dans la nature est représentée par la paire d'événements que sont la durée présente qui
marque le *quand* de la conscience et l'événement percevant
qui marque le *où* de la conscience et le *comment* de celle-ci.
L'événement percevant est pour parler grossièrement la vie
corporelle de l'esprit incarné. Mais cette identification n'est
que grossière. Car les fonctions du corps se distinguent mal
d'autres événements naturels; si bien qu'à certains égards
l'événement percevant ne doit être compté que pour une part
de la vie corporelle, et à certains autres pour plus que la vie
corporelle. Sous bien des aspects la frontière est purement

arbitraire et ne dépend que du choix qui en trace la ligne sur une échelle mobile.

J'ai déjà dans ma conférence précédente sur le temps étudié l'association de l'esprit avec la nature. La difficulté de l'étude réside dans l'aptitude des facteurs constants à être omis. Nous ne les remarquons jamais, par contraste avec leurs absences. Le but d'une étude de tels | facteurs peut être énoncé **108** comme étant de rendre évident ce qui paraît singulier. Nous ne pouvons les envisager à moins de nous arranger à les investir d'un peu de la fraîcheur de l'étrangeté.

C'est en raison de cette habitude de laisser les facteurs constants glisser hors de la conscience claire[1], que nous tombons constamment dans l'erreur qui consiste à penser la conscience sensible d'un facteur particulier dans la nature comme une relation binaire entre l'esprit et ce facteur. Par exemple, je perçois une feuille verte. Le langage dans cette affirmation supprime toute référence à quelque facteur autre que l'esprit qui perçoit, la feuille verte et la relation de conscience sensible. Il écarte les facteurs inévitables évidents qui sont les éléments essentiels de la perception. Je suis ici, la feuille est là-bas; et l'événement-ici et l'événement qu'est la vie de la feuille là-bas sont tous deux noyés dans la totalité de la nature qui est maintenant, et dans cette totalité sont d'autres facteurs distincts qu'il est hors de question de mentionner. Ainsi le langage présente habituellement à l'esprit une abstraction fallacieuse de la complexité indéfinie du fait de la conscience sensible.

Ce que je veux maintenant examiner est la relation spéciale de l'événement percevant qu'est l'*ici* avec la durée qu'est le *maintenant*. Cette relation est un fait de la nature, je veux dire :

---

1. *Consciousness.*

l'esprit est conscient de la nature comme comportant ces deux facteurs dans cette relation.

À l'intérieur de la brève durée du présent, l'*ici* de l'événement percevant a une signification définie d'une certaine sorte. Cette signification de l'*ici* est le contenu de la relation spéciale de l'événement percevant à sa durée correspondante. J'appellerai cette relation la *cogrédience*[1]. En conséquence ce que je demande est une description du caractère de la relation de cogrédience. Le présent saute dans un passé et un **109** présent | quand l'*ici* de la cogrédience perd sa signification singulière déterminée. Il s'est produit un passage de la nature de l'*ici* de la perception interne à la durée passée à l'*ici* différent de la perception interne à la durée présente. Mais les deux *ici* de la conscience sensible comprise dans des durées voisines peuvent être indiscernables. Dans ce cas, il s'est produit un passage du passé au présent, mais une force perceptive plus rétensive a réussi à retenir le passage de la nature[2] en un présent complet au lieu de laisser la durée antérieure glisser dans le passé. Par exemple, le sentiment du repos contribue à l'intégration des durées dans un présent prolongé, et le sentiment du mouvement différencie la nature en une succession de durées écourtées. Comme le montre le transport en chemin de fer, le présent est passé avant que la réflexion puisse le saisir. Notre vie est faite de fragments trop rapides pour la pensée. D'autre part, le présent immédiat se prolonge si la nature se présente à nous sous un aspect de repos ininterrompu. Tout changement dans la nature donne l'occasion de différencier les durées comme d'écourter le présent. Mais il y a une grande distinction entre le changement propre[3] dans la nature et le

---

1. *Cf.* chap. 3, p. 71, note 3 et chap. 9, p. 176.
2. *The passing nature.*
3. *Self-change.*

changement dans la nature extérieure. Le changement propre dans la nature est un changement qualitatif du point de vue de l'événement percevant. C'est la rupture de l'*ici* qui nécessite la rupture de la durée présente. Le changement dans la nature extérieure est compatible avec une prolongation de la contemplation présente enracinée dans un point de vue donné. Ce que je veux faire ressortir, c'est que la préservation d'une relation particulière à une durée est une condition nécessaire pour que cette durée fonctionne comme durée présente pour la conscience sensible. Cette relation particulière est la relation de cogrédience entre l'événement percevant et la durée. | La **110** cogrédience est la préservation d'une continuité qualitative de point de vue interne à la durée. C'est la continuation de l'identité de station à l'intérieur de la nature toute entière qui est le terme de la conscience sensible. La durée peut comporter un changement interne, mais non pas – dans la mesure où elle est une même durée présente – comporter de changement qualitatif dans sa relation particulière à l'événement percevant qu'elle contient.

En d'autres termes, la perception est toujours *ici*, et une durée peut être posée comme présente pour la conscience sensible seulement à condition que cela confère une signification ininterrompue à l'*ici* dans sa relation à l'événement percevant. Ce n'est que dans le passé que vous pouvez avoir été *là-bas* avec un point de vue distinct de votre présent *ici*.

Les événements de là-bas et ceux d'ici sont des faits de la nature, et les qualités d'être *là-bas* et d'être *ici* ne sont pas seulement des qualités de la conscience comme relation entre la nature et l'esprit. La qualité d'une station déterminée dans la durée appartenant à un événement qui est *ici* en un sens déterminé d'*ici* est, quant à sa qualité de station, de même espèce que celle appartenant à un événement qui est *là-bas* en un sens déterminé de *là-bas*. Ainsi la cogrédience n'a rien à voir avec

un quelconque caractère biologique de l'événement qui y
serait lié par la durée correspondante. Ce caractère biologique
est manifestement une condition secondaire de la connexion
particulière d'un événement percevant avec la capacité de
percevoir de l'esprit ; mais il n'a rien à voir avec la relation de
l'événement percevant à la durée qui forme la totalité présente
de la nature offerte à cette capacité.

Le caractère biologique requis une fois donné, l'événement dans son caractère d'événement percevant découpe[1]
cette durée avec laquelle le passé effectif de l'événement est
en pratique cogrédient dans les limites de l'exactitude de
111 |l'observation. Car, parmi les divers systèmes temporels
offerts par la nature, il en est un ayant une durée qui donne la
meilleure moyenne de cogrédience pour toutes les parties de
l'événement percevant. Cette durée sera la totalité de la nature
constituant le terme de la conscience sensible. Ainsi le caractère de l'événement percevant détermine le système temporel
immédiatement évident dans la nature. Lorsque le caractère de
l'événement percevant change avec la nature qui passe – ou, en
d'autres termes, lorsque l'esprit qui perçoit se relie dans son
propre passage avec le passage de l'événement percevant à un
autre événement percevant – alors le système temporel relié à
la capacité de perception de cet esprit peut changer. Quand la
masse des événements perçus est cogrédiente dans une autre
durée que celle de l'événement percevant, la capacité de perception peut inclure une double conscience de cogrédience, à
savoir la conscience de la totalité dans laquelle l'observateur
dans le train est *ici*, et la conscience de la totalité dans laquelle
les arbres, les ponts et les signaux télégraphiques sont *là-bas*
de façon définie. Ainsi dans certaines circonstances de percep-

---

1. *Selects.*

tion, les événements distingués affirment[1] leurs propres
relations de cogrédience. Cette affirmation de cogrédience
est particulièrement évidente quand la durée cogrédiente à
l'événement perçu est la même que la durée qu'est la totalité présente de la nature – autrement dit, quand l'événement et
l'événement percevant à la fois sont cogrédients à la même
durée.

Nous sommes maintenant préparés à considérer quelle est
la signification des stations dans une durée où les stations sont
une espèce particulière de voies définissant une position
absolue dans l'espace intemporel associé.

Quelques explications préliminaires doivent cependant
être données. Un événement fini peut être dit s'étendre à
travers une | durée quand il est une partie de cette durée et est **112**
intersecté par tout moment appartenant à cette durée. Un tel
événement commence avec cette durée et finit avec elle. Plus :
tout événement qui commence avec cette durée et se termine
avec elle, s'étend à travers elle. C'est là un axiome fondé sur la
continuité des événements. Commencer avec une durée et finir
avec elle signifie : a) que l'événement est une partie de cette
durée, et b) que les moments qui forment à la fois la limite
initiale et la limite finale de la durée couvrent certaines
particules-événements de la limite de l'événement.

Tout événement cogrédient à une durée s'étend à travers
cette durée.

Il n'est pas vrai que toutes les parties d'un événement
cogrédient à une durée, soient aussi cogrédientes à cette durée.
Il y a deux manières pour la relation de cogrédience de venir à
manquer. Une raison de ce manque peut être que cette partie
ne s'étend pas à travers la durée. Dans ce cas, elle peut être
cogrédiente à une autre durée qui est une partie de la durée

1. *Assert.*

donnée, bien qu'elle ne soit pas cogrédiente à la durée donnée elle-même. Une telle partie serait cogrédiente si son existence était suffisamment prolongée dans ce système temporel. L'autre raison de ce manque nait de l'extension quadri-dimensionnelle des événements laquelle empêche de trouver une voie déterminée de transition en séries linéaires entre événements. Par exemple, le tunnel du métro est un événement au repos dans un certain système temporel, c'est-à-dire cogrédient à une certaine durée. Un train qui le traverse est une partie de ce tunnel, mais n'est pas lui-même au repos.

Si un événement e est cogrédient à une durée d, et d' une durée qui est une partie de d, alors d' appartient au même système temporel que d. En outre d' intersecte e dans un événement e' qui est une partie de e et est cogrédient à d'.

113 | Soit P une particule-événement comprise dans une durée donnée d. Considérons l'agrégat d'événements où se situe P et qui sont aussi cogrédients à d. Chacun de ces événements occupe son propre agrégat de particules-événements. Ces agrégats auront une portion commune, savoir la classe des particules-événements qu'ils comprennent tous ensemble. Cette classe de particules-événements est ce que j'appelle la *station* de la particule-événement P dans la durée d. Il s'agit de la station comprise comme un *locus*. Une station peut être définie aussi comme un élément abstractif. Soit σ le nom de la propriété possédée par un ensemble abstractif quand : a) chacun de ses événements est cogrédient à la durée d et b) la particule-événement P est comprise en chacun de ses événements. Alors le groupe de σ-prime, où σ trouve sa signification, est un élément abstractif et est la station de P en d en tant qu'élément abstractif. Le *locus* des particules-événements couvert par la station de P en d comme élément abstractif est la station de P en d comme *locus*. Une station a en conséquence trois caractères ordinaires, qui sont : son caractère de position,

son caractère extrinsèque comme élément abstractif, et son caractère intrinsèque.

Il suit des propriétés particulières du repos que deux stations appartenant à la même durée ne peuvent s'intersecter. C'est pourquoi toute particule-événement sur une station d'une durée trouve dans cette station sa station dans cette durée. De même chaque durée qui est une partie d'une durée donnée intersecte les stations de la durée donnée en des *loci* qui sont ses stations propres. Au moyen de ces propriétés nous pouvons utiliser les empiètements[1] des durées d'une même famille – c'est-à-dire d'un système temporel – pour prolonger les stations en arrière et en avant. Une telle station prolongée sera appelée une trace[2]. Une trace *p* est | un *locus* de particules- **114** événements. Elle est définie par référence à un système temporel particulier, disons α. À un autre système temporel correspondra un groupe différent de traces. Toute particule-événement sera située sur une et une seule trace du groupe appartenant à un système temporel quelconque. Le groupe de traces du système temporel α est le groupe des points de l'espace intemporel d'α. Chacun de ces points indique une certaine qualité de position absolue en référence aux durées de la famille correspondant à α. Chaque moment de α intersectera une trace en une et une seule particule-événement.

La propriété de cette intersection unique d'un moment et d'une trace n'est pas limitée au cas où le moment et la trace appartiennent au même système temporel. Deux particules-événements quelconques d'une trace forment une séquence, si bien qu'elles ne peuvent se situer au même moment. C'est pourquoi aucun moment ne peut intersecter une trace plus

---

1. *Overlappings.*
2. *Point-track.*

d'une fois, et chaque moment intersecte une trace en une seule particule-événement.

Un être qui aux moments successifs d'α se trouverait aux particules-événements où ces moments intersectent un point donné d'α, serait en repos dans l'espace intemporel du système temporel α. Mais dans tout autre espace intemporel appartenant à un autre système temporel, il sera en un point différent à chaque moment successif de ce système temporel. Autrement dit, il sera en mouvement. Son mouvement sera rectiligne et de vitesse uniforme. Nous pourrions voir là la définition de la ligne droite. En effet, une ligne droite dans l'espace du système temporel β est le *locus* où ces points de β qui intersectent tous une quelconque trace, qui est un point de **115** l'espace d'un | autre système temporel. Ainsi chaque point de l'espace d'un système temporel α est associé à une et une seule ligne droite de l'espace d'un autre système temporel β. En outre l'ensemble des lignes droites de l'espace β qui sont ainsi associées avec des points dans l'espace α, forme une famille complète de lignes droites parallèles dans l'espace β. Ainsi il y a une corrélation terme à terme des points de l'espace α avec les lignes droites d'une certaine famille définie de lignes droites parallèles de l'espace β. Inversement il y a une corrélation terme à terme analogue des points de l'espace β avec les lignes droites d'une certaine famille de parallèles de l'espace α.

Ces familles seront appelées respectivement la famille des parallèles de β associée à α, et la famille des parallèles de α associée à β. La direction dans l'espace de β indiquée par la famille des parallèles en β sera appelée la direction d'α dans l'espace β, et la famille des parallèles en α est la direction de β dans l'espace α. Ainsi un être au repos en un point de l'espace α sera en mouvement uniforme sur une ligne de l'espace β dans la direction d'α dans l'espace β, et un être au repos en un point de l'espace β sera en mouvement uniforme sur une ligne de l'espace α dans la direction de β dans l'espace α.

J'ai parlé des espaces intemporels correspondant aux systèmes temporels. Ce sont les espaces de la physique et de tout concept de l'espace compris comme éternel et invariable. Mais notre perception actuelle est une approximation de l'espace instantané indiqué par les particules-événements situées en un moment du système temporel associé à notre conscience. Les points d'un tel espace instantané sont des particules-événements et les lignes droites des rects. Appelons α ce système temporel, et *M* le moment de ce système temporel α dont notre perception immédiate[1] de la nature est une approximation. | Une ligne droite *r* dans l'espace α est un *locus* 116 de points et chaque point est une trace qui est un *locus* de particules-événements. Ainsi dans la géométrie à quatre dimensions de toutes les particules-événements, il y a un *locus* à deux dimensions qui est le *locus* de toutes les particules-événements situées aux points appartenant à la ligne droite *r*. J'appellerai ce *locus* de particules-événements la matrice de la ligne droite *r*. Une matrice intersecte un moment dans un rect. Ainsi la matrice de *r* intersecte le moment *M* en un rect ρ. Ainsi ρ est le rect instantané en *M* qui occupe au moment *M* la ligne droite *r* dans l'espace d'α. Quand donc on a la vision instantanée d'un être en mouvement et de son chemin à venir[2], ce qu'on voit réellement est cet être en quelque particule-événement *A* située sur le rect ρ qui est le chemin apparent supposé par le mouvement uniforme. Mais le rect actuel ρ qui est un *locus* de particules-événements, n'est jamais traversé par cet être. Ces particules-événements sont les faits instantanés qui

1. *Quick perception.*
2. *Ahead of it.*

passent avec le moment instantané[1]. Ce qui est réellement traversé, ce sont d'autres particules-événements qui aux instants[2] successifs occupent les mêmes points de l'espace α que ceux occupés par les particules-événements sur le rect ρ. Par exemple, nous voyons une section de route et un camion en mouvement. La route instantanément vue est une portion du rect ρ – évidemment une approximation de celui-ci seulement. Le camion est l'objet mu. Mais la route en tant que vue n'est jamais traversée. Elle est pensée comme être traversé parce que les caractères intrinsèques des événements postérieurs sont en général si semblables à ceux de la route instantanée que nous ne nous embarrassons pas à les distinguer. Mais supposez qu'une mine placée sous la route explose avant l'arrivée du camion. Alors il est bien évident que le camion ne traverse pas ce que nous avions d'abord vu. Supposez que le camion soit en **117** repos dans | l'espace β. Alors la ligne droite r de l'espace α est dans la direction de β dans l'espace α, et le rect ρ est le représentant au moment M de la ligne r de l'espace α. La direction de ρ dans l'espace instantané du moment M est la direction de β en M, quand M est un moment du système temporel α. En outre la matrice de la ligne r de l'espace α sera aussi la matrice d'une ligne s de l'espace β qui sera dans la direction de α dans l'espace β. Ainsi si le camion s'arrête en un point P de l'espace α situé sur la ligne r, il est alors en mouvement sur la ligne s de l'espace β. C'est là la théorie du mouvement relatif; la matrice

---

1. L'expression anglaise *instantaneous moment* nous impose l'unique solution possible au problème posé par la traduction du terme *moment*, qu'il devient impossible de traduire par *instant*; en outre Whitehead ayant inventé un second adjectif (*momentual* à côté de l'usuel *momentary*) que nous ne pouvions traduire qu'en inventant *momentuel* en français, cela excluait déjà toute autre traduction.

2. *Instants.*

commune est le lien qui unit le mouvement de β dans l'espace α aux mouvements de α dans l'espace β.

Le mouvement est essentiellement une relation entre un objet de la nature et l'espace intemporel d'un système temporel. Un espace instantané est statique, étant relié à la nature statique à un instant donné. Dans la perception quand nous voyons des choses en mouvement dans un espace qui tend vers l'espace instantané, les lignes futures du mouvement immédiatement perçu sont des rects qui ne sont jamais traversés. Ces rects idéaux [1] sont composés de petits événements, savoir de voies idéales et de particules-événements qui sont tombées dans le passé avant que les objets en mouvement ne les atteignent. En supposant que nos anticipations sur le mouvement rectiligne soient correctes, ces rects occupent les lignes droites de l'espace intemporel qui sont traversées. Ainsi les rects sont les symboles dans notre conscience sensible immédiate d'un futur qui ne peut être exprimé qu'en termes d'espace intemporel.

Nous sommes maintenant en état d'explorer le caractère fondamental de la perpendicularité. Considérez les deux systèmes temporels α et β, ayant chacun son propre espace intemporel et sa propre famille de moments instantanés avec leurs espaces instan-tanés. Soit M et N un | moment d'α et un **118** moment de β. En M se trouve la direction de β et en N la direction d'α. Mais M et N, étant des moments de systèmes temporels différents, s'intersectent en un palier. Appelons ce palier λ. Alors λ est un palier instantané dans l'espace instantané de M et aussi dans l'espace instantané de N. Il est le *locus* de toutes les particules-événements qui se trouvent en même temps en M et N.

---

1. *Approximate.*

Dans l'espace instantané de M le palier λ est perpendiculaire à la direction de β en M, et dans l'espace instantané de N le palier λ est perpendiculaire à la direction d'α en N. Telle est la propriété fondamentale qui constitue la définition de la perpendicularité. La perpendicularité symétrique est un cas particulier de la symétrie dans les relations mutuelles entre deux systèmes temporels. Nous verrons dans la prochaine conférence que c'est de cette symétrie que se déduit la théorie de la congruence.

La théorie de la perpendicularité dans l'espace intemporel d'un système temporel α suit immédiatement de cette théorie de la perpendicularité dans chacun de ses espaces instantanés. Soit ρ un rect au moment M de α et λ un palier en M perpendiculaire à ρ. Le *locus* des points de l'espace d'α qui intersectent M en des particules-événements situées sur ρ, est la ligne droite r de l'espace α, et le *locus* de ces points de l'espace d'α qui intersectent M en des particules-événements situées sur λ est le plan l de l'espace α. Alors le plan l est perpendiculaire à la ligne r.

Par là nous avons dégagé les propriétés uniques et définies qui dans la nature correspondent à la perpendicularité. Nous verrons que cette découverte des propriétés uniques définissant la perpendicularité, a une importance critique dans la théorie de la congruence qui sert de sujet à la conférence suivante.

119 |Je regrette qu'il m'ait été nécessaire dans cette conférence-ci d'administrer une forte dose de géométrie quadridimensionnelle. Je ne m'excuse pas car je ne suis réellement pas responsable du fait que la nature en son aspect le plus fondamental ait quatre dimensions. Les choses sont ce qu'elles sont; et il est inutile de déguiser que *ce que sont les choses* est souvent très difficile à suivre pour nos entendements. On fuit seulement les problèmes ultimes quand on veut éviter ces obstacles.

LA CONGRUENCE

Le but de ce chapitre est d'établir une théorie de la congruence. Vous devez d'abord comprendre que la question de la congruence est sujette à polémique. C'est la théorie de la mesure de l'espace et du temps. La question paraît simple. En fait elle est assez simple quand il s'agit d'établir, par un acte parlementaire, un étalon de mesure; et l'amour des subtilités métaphysiques est presque le seul crime qu'on ne puisse imputer à un parlement anglais. Mais la procédure de mesure est une chose, sa signification en est une autre.

Fixons d'abord notre attention sur l'aspect purement mathématique. Quand le segment entre deux points A et B est congruent avec le segment entre les deux points C et D, les mesures quantitatives des deux segments sont égales. L'égalité de ces mesures numériques et la congruence des deux segments ne sont pas toujours clairement distinguées et sont réunies ensemble sous le terme d'égalité. Mais la procédure de mesure présuppose la congruence. Par exemple, le yard est appliqué successivement à la mesure de deux distances entre deux paires de points sur le parquet d'une pièce. Il appartient à l'essence de la procédure de mesure que le yard demeure inchangé quand il est déplacé d'une position à une autre.

Certains objets peuvent manifestement changer quand ils sont mus – par exemple un fil élastique ; mais un yard ne change pas s'il est fait d'une matière appropriée. De quoi s'agit-il d'autre ici que d'un jugement de congruence appliqué à la suite des **121** positions successives du | yard ? Nous savons qu'il ne change pas parce que nous jugeons qu'il est congruent à lui-même dans ses diverses positions. Dans le cas du fil élastique, nous pouvons observer que la congruence à soi-même[1] se perd. Ainsi des jugements immédiats de congruence sont présupposés dans toute mesure, et le procès de mesure est seulement une procédure qui consiste à étendre la reconnaissance de la congruence à des cas où ces jugements immédiats ne sont pas disponibles. Ainsi nous ne pouvons pas définir la congruence par la mesure.

Dans les exposés modernes des axiomes de la géométrie on pose certaines conditions que la relation de congruence doit satisfaire. On suppose que nous avons une théorie complète des points, lignes droites, plans, et de l'ordre des points sur les plans – en fait une théorie complète de géométrie non métrique. Nous pouvons alors procéder à l'enquête sur la congruence et poser l'ensemble des conditions – ou axiomes ainsi qu'on les appelle – que satisfait cette relation. Il a été alors établi qu'il y a d'autres relations qui satisfont ces conditions tout aussi bien et qu'il n'y a rien intrinsèquement dans la théorie de l'espace qui conduise à adopter quelqu'une de ces relations plutôt qu'une autre, telle que cette relation de congruence que nous adoptons. En d'autres termes, il y a d'autres géométries métriques différentes qui toutes ont un droit égal à l'existence en ce qui concerne la théorie intrinsèque de l'espace.

---

1. *Self-congruence.*

Poincaré, le grand mathématicien français, soutint que notre choix actuel entre ces géométries est guidé par la pure convention, et que l'effet d'un changement de choix serait simplement de modifier notre expression des lois de la nature. Par *convention*, Poincaré veut dire, si je le comprends, qu'il n'y a rien d'inhérent à la nature elle-même qui donne un rôle [1] particulier à l'une de ces |relations de congruence, et que ce **122** choix d'une relation particulière est guidé par les volitions de l'esprit et non par la conscience sensible. Le principe est la convenance intellectuelle et non le fait naturel.

Cette position a été mal comprise par plusieurs des commentateurs de Poincaré. Ils l'ont confondue avec tout autre chose, c'est-à-dire l'impossibilité due à l'inexactitude de l'observation, de procéder à un relevé exact dans la comparaison des mesures. De là suit qu'on peut déterminer un certain sous-ensemble de relations de congruence étroitement liées entre elles, dont chaque membre s'accorde également bien avec le relevé de la congruence observée, quand ce relevé est convenablement déterminé avec sa marge propre d'erreur.

C'est là une question entièrement différente et qui présuppose le rejet de la position de Poincaré. L'indétermination absolue de la nature eu égard à toutes les relations de congruence est remplacée par l'indétermination de l'observation portant sur un petit sous-groupe de ces relations.

La position de Poincaré est forte. Elle met chacun au défi de trouver dans la nature un facteur qui donnerait un statut de prééminence à la relation de congruence telle que l'humanité l'a actuellement adoptée. Mais indéniablement sa position est très paradoxale. Bertrand Russell a eu avec lui une controverse sur cette question, et montré que selon les principes de Poincaré il n'y avait rien dans la nature qui pût déterminer si la

1. En français dans le texte.

terre est plus grande ou plus petite qu'une boule de billard.
Poincaré répliqua que la tentative pour trouver dans la nature
des raisons de choisir une relation de congruence spatiale
123 définie revient à essayer de déterminer la position | d'un navire
dans l'océan en dénombrant l'équipage et en considérant la
couleur des yeux du capitaine.

Selon mon opinion, les deux interlocuteurs avaient raison,
si on admet les fondements de leur discussion. Russell en effet
soulignait que, mis à part des inexactitudes mineures, une
relation de congruence déterminée existe entre les facteurs
de la nature que notre conscience sensible pose devant nous.
Poincaré réclame qu'on lui montre ce facteur naturel qui
pourrait conduire une relation de congruence particulière à
jouer un rôle prééminent parmi ces facteurs posés dans la
conscience sensible. Je ne saurais voir de réponse à l'une
ou l'autre de ces prétentions, pourvu que vous admettiez la
théorie matérialiste de la nature. Selon cette théorie la nature à
un instant donné est dans l'espace un fait indépendant. Ainsi
nous avons à chercher notre relation de congruence préémi-
nente au sein de la nature dans l'espace instantané ; et Poincaré
a indubitablement raison de dire que la nature dans cette
hypothèse ne nous aide en aucune façon à la trouver.

D'un autre côté, Russell a une position également forte
quand il affirme comme un fait observable que nous trouvons
en effet cette relation, et qui plus est que nous nous accordons à
trouver la même relation de congruence. À cet égard, c'est là
un des faits les plus extraordinaires de l'expérience humaine
que toute l'humanité sans aucune raison assignable puisse
s'accorder à fixer son attention sur une seule et même relation de congruence dans le nombre indéfini des concurrentes
indiscernables à cette distinction. On aurait pu s'attendre à des
conflits sur ce choix fondamental, à des nations divisées et des
familles déchirées. Mais la difficulté ne fut pas même soup-

çonnée, jusqu'à la fin du dix-neuvième siècle où elle fut découverte par quelques philosophes mathématiciens et mathématiciens philosophes. Le cas n'est pas le même que celui de notre accord sur un fait naturel fondamental comme la | tridimensionnalité de l'espace. Si l'espace a seulement trois **124** dimensions, nous pouvons nous attendre à ce que l'humanité entière ait conscience de ce fait, comme c'est le cas. Mais dans le cas de la congruence, l'humanité s'accorde sur une interprétation arbitraire de la conscience sensible quand il n'y a rien dans la nature pour la guider.

Je considère ce point comme ne constituant pas une mince recommandation en faveur de la théorie de la nature que je vous ai exposée et qui donne une solution à cette difficulté en dégageant le facteur naturel qui entraîne la prééminence d'une relation de congruence sur la foule indéfinie des autres relations semblables.

La raison de ce résultat est que la nature n'est plus confinée dans un espace instantané. Espace et temps sont maintenant interdépendants; et ce facteur particulier du temps qui est si immédiatement distingué parmi les données de notre conscience sensible, se relie lui-même à une relation particulière de congruence dans l'espace.

La congruence est un exemple particulier du fait fondamental de la récognition. Dans la perception nous reconnaissons. Cette récognition ne concerne pas seulement la comparaison d'un facteur naturel posé par la mémoire avec un facteur posé par la conscience sensible immédiate. La récognition intervient dans le présent sans aucune intervention de la pure mémoire. C'est que le fait présent est une durée, avec ses durées antécédentes et conséquentes qui en sont les parties. La discrimination dans la conscience sensible d'un événement fini avec sa qualité de passage est aussi accompagnée par la discrimination d'autres facteurs naturels qui ne prennent pas

part au passage des événements. Tout ce qui passe est événement. Mais nous trouvons des entités dans la nature qui ne
passent pas; autrement dit nous reconnaissons de l'identité
dans la nature. La récognition n'est pas d'abord un acte intel-
125 lectuel de comparaison; elle est essentiellement | la conscience
sensible elle-même dans sa pure capacité de poser devant nous
des facteurs naturels qui ne passent pas. Par exemple du vert
est perçu comme situé dans un certain événement fini à
l'intérieur de la durée présente. Ce vert conserve son identité
propre, tandis que l'événement passe et par là acquiert la
propriété de se morceler en parties. La tache verte a des parties.
Mais en parlant de la tache verte nous visons l'événement dans
sa seule capacité d'être pour nous la situation du vert. Le vert
lui-même est numériquement une entité identique à elle-
même, sans parties parce qu'elle est sans passage.

Les facteurs naturels qui sont sans passage seront appelés
objets. Il y a des espèces radicalement différentes d'objets qui
seront examinées dans la conférence suivante.

La récognition se réfléchit dans l'intellect sous forme de
comparaison. Les objets reconnus d'un événement sont comparés avec les objets reconnus d'un autre événement. La
comparaison peut porter sur deux événements présents, ou sur
deux événements dont l'un est posé par la conscience mnési-
que et l'autre par la conscience sensible immédiate. Mais ce ne
sont pas les événements qui sont comparés. Car chaque événement est essentiellement unique et incomparable. Ce qui est
comparé, ce sont les objets et les relations entre les objets
situés dans ces événements. L'événement considéré comme
une relation entre des objets a cessé d'être passage et sous cet
aspect est lui-même un objet. Cet objet n'est plus l'événement mais seulement une abstraction intellectuelle. Le même
objet peut être situé dans beaucoup d'événements; et en ce
sens même l'événement entier, envisagé comme objet, peut

revenir, mais non l'événement lui-même avec son passage et ses relations aux autres événements.

Les objets qui ne sont pas posés par la conscience sensible peuvent être connus par l'intellect. Par exemple, les relations |entre objets et les relations entre relations peuvent être des **126** facteurs dans la nature, non pas dévoilés par la conscience sensible, mais connus par inférence logique comme nécessairement dans l'être. Ainsi des objets offerts à notre connaissance peuvent être seulement des abstractions logiques. Par exemple, un événement complet n'est jamais dévoilé dans la conscience sensible, et ainsi l'objet qui est la somme totale des objets situés dans un événement selon telle configuration est un pur concept abstrait. De même un angle droit est un objet perçu qui peut être situé dans maints événements; mais, bien que le caractère de rectangularité soit posé par la conscience sensible, la majorité des relations géométriques n'est pas posée ainsi. Aussi la rectangularité est en fait souvent non perçue, alors qu'on peut prouver qu'elle était offerte à la perception. Ainsi un objet est souvent connu seulement comme une relation abstraite non directement posée dans la conscience sensible bien que présente dans la nature.

L'identité qualitative entre des segments congruents a généralement ce caractère. Dans certains cas spéciaux cette identité qualitative peut être perçue directement. Mais en général elle est inférée par un processus de mesure dépendant de notre conscience sensible directe de cas sélectionnés et d'une inférence logique tirée de la transitivité de la congruence.

La congruence dépend du mouvement, et c'est de là que vient la connexion entre la congruence spatiale et la congruence temporelle. Un mouvement le long d'une ligne droite a son symétrique par rapport à cette ligne. Cette symétrie est exprimée par les relations géométriques de symétrie de cette ligne avec la famille de plans qui lui sont perpendiculaires.

Une autre symétrie dans la théorie du mouvement résulte encore du fait que le repos dans les points de β correspond au mouvement uniforme sur une famille définie de droites parallèles dans l'espace d'α. Nous devons remarquer les trois **127** |caractéristiques, a) d'uniformité du mouvement correspondant à un point quelconque de β sur la droite correspondante en α, b) d'égalité de grandeur des vitesses sur les diverses lignes d'α relatives au repos dans les divers points de β, et c) du parallélisme des lignes de cette famille.

Nous sommes maintenant en possession d'une théorie des parallèles et d'une théorie des perpendiculaires et d'une théorie du mouvement, et de ces trois théories nous pouvons tirer la construction d'une théorie de la congruence. On se rappellera qu'une famille de paliers parallèles en un certain moment est la famille des paliers dans lesquels ce moment est à l'intersection de la famille des moments d'un autre système temporel. Une famille de moments parallèles est aussi la famille des moments d'un système temporel quelconque. Ainsi nous pouvons élargir notre concept de famille de paliers parallèles et y inclure les paliers situés dans différents moments d'un système temporel. Avec ce concept élargi nous pouvons dire qu'une famille complète de paliers parallèles dans un système temporel α est la famille complète des paliers dans lesquels les moments de α sont en intersection avec les moments de β. Cette famille complète de paliers parallèles est aussi évidemment une famille située[1] dans les moments du système temporel β. En introduisant un troisième système temporel γ, on obtient des rects parallèles. Tous les points d'un système temporel forment aussi une famille de traces

1. *Lying.*

parallèles. Ainsi il y a trois types de parallélogrammes dans la multiplicité quadridimensionnelle des particules-événements.

Dans les parallélogrammes du premier type, les deux paires de côtés parallèles sont, tous deux, des paires de rects. Dans les parallélogrammes du second type, une des deux paires de côtés parallèles est une paire de rects, et l'autre est une paire de traces. Dans les parallélogrammes du troisième type les deux paires de côtés sont ensemble des paires de traces.

|Le premier axiome de la congruence est que ces côtés **128** opposés de chaque parallélogramme sont congruents. Cet axiome nous permet de comparer les longueurs de toute paire de segments dont chacun se trouve sur des rects parallèles ou sur un même rect. Il nous permet aussi de comparer les longueurs de toute paire de segments soit sur des traces parallèles soit sur une même trace. Il suit de cet axiome que deux objets immobiles en deux points d'un système temporel β se meuvent avec des vitesses égales dans tout autre système temporel α sur des lignes parallèles. Ainsi nous pouvons parler de la vitesse en α par rapport au système temporel β sans spécifier de point particulier dans β. Cet axiome nous permet aussi de mesurer le temps dans un système temporel quelconque; mais il ne permet pas de comparer des temps appartenant à des systèmes différents.

Le second axiome de la congruence concerne les parallélogrammes construits sur des bases congruentes et entre les mêmes parallèles, et ayant aussi leurs autres paires de côtés parallèles. Cet axiome pose que le rect joignant les deux particules-événements à l'intersection des diagonales est parallèle au rect sur lequel reposent les bases. Il suit évidemment de cet axiome que les diagonales d'un parallélogramme se coupent l'une l'autre.

La congruence s'élargit à tout espace au-delà des rects parallèles, à partir de deux axiomes relatifs à la perpendicularité. Le premier, qui est le troisième axiome de la congruence, est que si *ABC* est un triangle de rects à un moment donné et *D* la particule-événement médiane sur la base *BC*, alors le palier qui traverse *D* perpendiculairement à *BC* contient *A* quand et seulement quand *AB* est congruent à *AC*. Cet axiome exprime à l'évidence le caractère symétrique de la perpendicularité, et est l'essence du fameux *pons asinorum* posé comme un axiome.

129 Le second axiome de perpendicularité, | et quatrième axiome de congruence, est que si *r* et *A* sont un rect et une particule-événement au même instant et *AB* et *AC* une paire de rects perpendiculaires coupant *r* en *B* et *C*, et *AD* et *AE* une autre paire de rects perpendiculaires coupant *r* en *D* et *E*, alors soit *D*, soit *E*, se trouve sur le segment *BC*, et l'autre ne peut se trouver sur ce segment. En outre, cas particulier de cet axiome, si *AB* est perpendiculaire à *r* et si en conséquence *AC* est parallèle à *r*, alors *D* et *E* se trouvent respectivement sur des côtés opposés de *B*. Par le moyen de ces deux axiomes la théorie de la congruence peut être appliquée à la comparaison des longueurs des segments de deux rects quelconques. En conséquence la géométrie métrique euclidienne dans l'espace se trouve complètement fondée et les longueurs dans les espaces de différents systèmes temporels sont comparables en tant que résultant de propriétés définies de la nature que justement cette méthode particulière de comparaison dégage.

La comparaison des mesures temporelles de systèmes temporels divers requiert deux autres axiomes. Le premier de ces axiomes, constituant le cinquième axiome de congruence, peut être appelé axiome de *symétrie cinétique*. Il exprime la symétrie des relations quantitatives entre deux systèmes

temporels quand les temps et les longueurs des deux systèmes
sont mesurés dans des unités congruentes.

Cet axiome peut être exposé comme suit : supposons que α
et β sont les noms de deux systèmes temporels. La direction
d'un mouvement dans l'espace de α par suite du repos en un
point de β est appelée *direction-β en* α et la direction d'un
mouvement dans l'espace de β par suite du repos en un point de
α est appelée *direction-α en* β. Considérons un mouvement
dans l'espace de α défini par une certaine vitesse dans la
direction-β d'α et une certaine vitesse aux angles droits avec
elle. Ce mouvement représente le repos dans l'espace d'un
autre système temporel – |appelons-le π. Le repos en π sera   **130**
aussi représenté dans l'espace de β par une certaine vitesse
dans la direction α en β et une certaine vitesse aux angles droits
avec cette direction-α. Ainsi un certain mouvement dans
l'espace de α est corrélatif d'un certain mouvement dans
l'espace de β, tous deux représentant le même fait représen-
table aussi comme un repos en π. Or un autre système temporel
que j'appellerai σ, peut être trouvé, tel que le repos dans son
espace est représenté par des vitesses de mêmes grandeurs sur
la direction-α en β et à la perpendiculaire de celle-ci, sur la
direction-β et à la perpendiculaire de celle-ci, qui représente le
repos en π. L'axiome de symétrie cinétique dont nous avons
besoin est que le repos en σ sera représenté en α par les mêmes
vitesses sur la direction-β en α et à la perpendiculaire de celle-
ci tandis que ces vitesses en β sur la direction-α et à la
perpendiculaire de celle-ci représente le repos en π.

Un cas particulier de cet axiome correspond à des vitesses
relatives égales et opposées. Car le repos en α est représenté en
β par une vitesse sur la direction-α qui est égale à la vitesse sur
la direction-β en α qui représente le repos en β.

Enfin le sixième axiome de congruence est que la relation
de congruence est transitive. Dans l'application de cet axiome

à l'espace, cela est superflu. Car les propriétés découlent ici de nos axiomes précédents. Cependant il est nécessaire dans le cas du temps et vient compléter l'axiome de symétrie cinétique. La signification de cet axiome est que si l'unité de temps d'un système α est congruente à l'unité de temps du système β, et si l'unité de temps du système β est congruente avec l'unité de temps d'un système γ, alors les unités de temps de α et γ sont aussi congruentes.

131   Au moyen de ces axiomes on peut déduire les formules de transformation | des mesures faites dans un système temporel en mesures des mêmes faits naturels d'un autre système temporel. On trouvera que ces formules enveloppent une constante arbitraire que j'appellerai k.

Elle est égale au carré de la vitesse. Par suite quatre cas se présentent : dans le premier cas, k = zéro. Ce cas correspond à des résultats privés de sens et en opposition avec les données élémentaires de l'expérience. Nous mettons ce cas de côté.

Dans le second cas, k est infini. Ce cas donne les formules ordinaires de la transformation en mouvement relatif, c'est-à-dire les formules rencontrées dans tout ouvrage élémentaire de dynamique.

Dans le troisième cas, k est négatif. Appelons-le $-c2$, c étant la grandeur d'une vitesse. Ce cas donne les formules de transformation que découvrit Larmor pour la transformation des équations de Maxwell sur le champ électromagnétique. Ces formules furent étendues par H.A. Lorentz, et utilisées par Einstein et Minkowski pour fonder leur théorie nouvelle de la relativité. Je ne parle pas ici de la théorie la plus récente d'Einstein sur la relativité généralisée, d'où il déduit sa modification de la loi de la gravitation. Si c'était ce cas qui devait s'appliquer à la nature, alors c devrait approcher au plus près de la vitesse de la lumière *in vacuo*. Peut-être cela est-il sa vitesse effective. Sous ce rapport *in vacuo* ne saurait signifier l'absence d'événements, c'est-à-dire l'absence de l'éther événementiel total[1]. Il doit signifier l'absence de certains types d'objets.

Dans le quatrième cas, k est positif. Appelons le $h2$, h étant la grandeur d'une vitesse. Ce qui donne un type parfaitement possible de formules de transformation, | mais aucune n'expliquant les faits d'expérience. Autre inconvénient : avec ce quatrième cas, la distinction entre espace et temps devient excessivement floue. Tout l'objet de ces conférences est de faire valoir la thèse que l'espace et le temps ont une racine commune, et que le fait ultime de l'expérience est un fait spatio-temporel. Mais après tout l'homme distingue en fait très nettement l'espace et le temps, et c'est en raison de la netteté de cette distinction que la thèse de ces conférences est quelque peu paradoxale. Or dans le troisième cas de figure, cette netteté de distinction est adéquatement préservée. Il y a une distinction fondamentale entre les propriétés métriques des traces et des rects. Mais dans le quatrième, cette distinction fondamentale disparaît.

132

Ni la troisième ni la quatrième possibilité ne peuvent s'accorder avec l'expérience à moins de supposer que la vitesse c de la troisième, et la vitesse h de la quatrième, sont extrêmement grandes comparées aux vitesses de l'expérience ordinaire. Si tel est le cas, les formules des deux cas se rapprocheront à l'évidence de très près des formules ordinaires de la dynamique (des manuels). S'il faut leur donner un nom, j'appellerai ces formules des manuels les formules *orthodoxes*.

On ne saurait douter de l'exactitude générale[2] de ces formules orthodoxes. Ce serait pure stupidité d'émettre un

---

1. *All-pervading ether of events.*
2. *Approximative correctness.*

doute sur ce point. Mais ceci admis, la détermination du statut de ces formules n'est aucunement établie. L'indépendance de l'espace et du temps est une présupposition non questionnée de la pensée orthodoxe qui a produit ces formules orthodoxes.

133   Sous cette présupposition et si sont donnés | les points absolus d'un espace absolu, les formules orthodoxes se déduisent immédiatement. C'est pourquoi ces formules se présentent à notre imagination comme des faits qui ne sauraient être autres, le temps et l'espace étant ce qu'ils sont. Les formules orthodoxes ont ainsi accédé au statut de nécessités qui ne peuvent être mises en question dans la science. Toute tentative pour remplacer ces formules par d'autres revenait à abandonner le rôle[1] de l'explication physique pour recourir à des formules purement mathématiques.

Mais même en physique les difficultés se sont accumulées autour des formules orthodoxes. En premier lieu les équations de Maxwell sur l'électromagnétisme ne sont pas invariantes pour les transformations des formules orthodoxes, tandis qu'elles le sont pour les transformations des formules du troisième des quatre cas ci-dessus, à condition que la vitesse c soit identique à une quantité électromagnétique constante bien connue.

En outre les résultats nuls des expériences délicates menées pour détecter les variations du mouvement de la terre sur son chemin orbital à travers l'éther s'expliquent immédiatement par les formules de ce troisième cas. Mais si nous admettons les formules orthodoxes, nous devons faire une hypothèse spéciale et arbitraire comme celle de la contraction de la matière pendant le mouvement. Je veux dire l'hypothèse de Fitzgerald-Lorentz.

---

1. En français dans le texte.

Enfin le coefficient de résistance de Fresnel qui représente la variation de vitesse de la lumière dans un milieu mouvant, s'explique par les formules du troisième cas, et exige une autre hypothèse arbitraire si nous utilisons les formules orthodoxes.

Il apparaît ainsi que sur le simple plan de l'explication physique les formules | du troisième cas sont avantageuses **134** comparées aux formules orthodoxes. Mais la voie est bloquée par la croyance invétérée que ces dernières possèdent un caractère de nécessité. Il y a donc urgence pour la physique et pour la philosophie à soumettre à un examen critique les fondements de cette prétendue nécessité. La seule méthode satisfaisante d'investigation est de revenir aux principes premiers de notre connaissance de la nature. C'est exactement ce à quoi je m'efforce dans ces conférences. Je demande sur quoi porte notre conscience dans notre perception sensible de la nature. Je poursuis alors en examinant ces facteurs naturels qui nous conduisent à concevoir la nature comme occupant de l'espace et persistant à travers le temps. Cette démarche nous a conduits à un examen des caractères de l'espace et du temps. Il résulte de cet examen que les formules de la troisième caté-gorie et les formules orthodoxes sont à un certain niveau des formules possibles résultant du caractère fondamental de notre connaissance de la nature. Les formules orthodoxes ont ainsi perdu tout avantage, tel que la nécessité, dont elles jouissaient sur le groupe sériel. La voie est ainsi ouverte pour adopter celui des deux groupes de formules qui s'accorde le mieux avec l'observation.

Je saisis cette occasion pour marquer une pause dans la progression de mon argumentation et revenir sur le caractère général que ma doctrine assigne aux concepts familiers de la science. Je ne doute pas que certains d'entre vous n'aient res-senti ce caractère comme très paradoxal sous certains aspects.

Cette dose[1] de paradoxe est pour partie due au fait que le langage cultivé a été fabriqué pour s'accorder avec la théorie orthodoxe dominante. Nous sommes ainsi, dans l'exposition d'une doctrine opposée, conduits à utiliser des termes étranges ou des mots familiers avec des significations inhabituelles. Cette | victoire de la théorie orthodoxe sur le langage est très naturelle. Les événements sont nommés d'après les objets principaux situés en eux, et à la fois dans le langage et la pensée l'événement disparaît derrière l'objet, et devient le simple jeu de ses relations. La théorie de l'espace est ainsi ramenée à une théorie des relations des objets, au lieu d'être une théorie des relations entre événements. Mais les objets ne sont pas passagers comme les événements. C'est pourquoi l'espace conçu comme relation entre des objets est privé de toute relation au temps. Il est l'espace instantané sans aucune relation déterminée entre les espaces successifs. Il ne peut être l'unique espace intemporel parce que les relations entre les objets varient.

Il y a quelques minutes, parlant de la déduction des formules orthodoxes pour le mouvement relatif, j'ai dit qu'elles découlaient de façon immédiate de la supposition de points absolus dans un espace absolu. Cette référence à l'espace absolu n'était pas une inadvertance. Je sais que la doctrine de la relativité de l'espace occupe à présent à la fois le champ de la science et de la philosophie. Mais je ne crois pas que ses conséquences inévitables soient comprises. Quand nous les envisageons réellement, le paradoxe de la présentation de l'espace que j'ai élaborée est grandement atténué. S'il n'existe pas de position absolue, un point cesse d'être une entité simple. Ce qu'un point est pour un homme en ballon fixant ses yeux sur un instrument, est une suite de points pour un observateur sur la terre et qui regarde le ballon au télescope,

---

1. *Vein.*

et une autre suite de points pour un observateur dans le soleil et qui regarde le ballon à travers quelque instrument approprié à sa nature. C'est pourquoi si on me reproche le paradoxe de ma théorie des points comme classes de particules-événements, et de ma théorie des particules-événements comme | groupes **136** d'ensembles abstraits, je demande à mon critique d'expliquer ce qu'il entend par un point. Quand on explique ce qu'on entend par une chose, si simple soit-elle, elle est toujours capable d'apparaître comme tramée de façon subtile et fine. J'ai au moins expliqué exactement ce que j'entends par un point, quelles relations il enveloppe et quelles entités en sont les *relata*. Si vous admettez la relativité de l'espace, vous devez aussi admettre que les points sont des entités complexes, des constructions logiques enveloppant d'autres entités et leurs relations. Exposez votre théorie, non en quelques phrases vagues de signification indéfinie, mais expliquez-la pas à pas en termes définis renvoyant à des relations déterminées et des *relata* déterminés. Montrez aussi que votre théorie des points débouche sur une théorie de l'espace. En outre notez que l'exemple de l'homme en ballon, de l'observateur sur terre et de l'observateur dans le soleil, montre que toute supposition d'un repos relatif requiert un espace intemporel avec des points radicalement différents de ceux qui suivent de toute autre supposition. La théorie de la relativité spatiale est inconsistante avec une doctrine supposant un unique ensemble de points appartenant à un espace intemporel.

Le fait est qu'il n'y a nul paradoxe dans ma doctrine de la nature de l'espace, qui n'est pas par essence inhérente à la théorie de la relativité de l'espace. Mais cette doctrine n'a jamais été réellement acceptée dans la science, quoi qu'on en dise. Ce qu'on trouve dans nos traités de dynamique est la doctrine de Newton appuyée sur la doctrine du mouvement différentiel dans l'espace absolu. Une fois admis que les points

sont des entités radicalement différentes dans des conceptions
différentes du repos, alors les formules orthodoxes perdent
toute leur évidence. Elles n'étaient évidentes que parce que
l'on pensait en réalité à quelque chose d'autre. La discussion
137 sur ce sujet ne peut | éviter le paradoxe qu'en cherchant refuge
contre la vague de la critique dans l'arche confortable de
l'absence de signification.

La théorie nouvelle fournit une définition de la congruence
des périodes de temps. La vision courante ne fournit pas de
telle définition. Sa position est que, si nous prenons des
mesures temporelles de telle façon que certaines vitesses
familières qui nous semblent uniformes, soient uniformes,
alors les lois du mouvement sont vraies. Or, d'abord, aucun
changement ne peut apparaître uniforme ou non-uniforme
sans envelopper une détermination précise de la congruence
des périodes de temps. Ainsi faisant appel aux phénomènes
familiers, on peut admettre l'existence dans la nature d'un
facteur auquel nous pouvons donner la forme intellectuelle de
la théorie de la congruence. Elle ne dit cependant de lui rien
sinon que les lois du mouvement sont alors vraies. Supposez
qu'avec certaines interprétations nous supprimions la référence aux vitesses familières comme la rapidité de rotation de
la Terre. Nous sommes alors conduits à admettre que la
congruence temporelle n'a pas de signification, si ce n'est que
ses hypothèses vérifient les lois du mouvement. Une telle affirmation est historiquement fausse. Le roi Alfred le Grand était
ignorant des lois du mouvement, mais savait très bien ce qu'il
entendait par mesure du temps, et parvenait à ses fins en faisant
brûler des chandelles. Personne non plus dans le passé ne
justifiait l'usage du sable des sabliers en disant que quelques
siècles plus tard on découvrirait d'intéressantes lois du mouvement qui donnerait une signification à l'assertion selon
laquelle le sable s'écoule des boules du sablier en des temps

égaux. L'uniformité du changement est perçue directement, et de là suit que l'homme perçoit dans la nature des facteurs à partir desquels une théorie de la congruence temporelle peut être élaborée. La théorie courante échoue entièrement à exhiber de tels facteurs.

| La référence aux lois du mouvement met en avant un **138** autre point sur lequel la théorie courante n'a rien à dire et dont la théorie nouvelle donne une explication complète. Il est bien connu que les lois du mouvement ne sont pas valides pour des axes de référence qu'il serait permis de choisir en les supposant fixes sur n'importe quel corps solide. Vous devez choisir un corps privé de rotation et sans accélération. Par exemple elles ne s'appliquent pas à des axes fixés sur la terre en raison de la rotation diurne de ce corps. La loi défaillante quand vous supposez immobiles les mauvais axes, est la troisième loi, selon laquelle action et réaction sont égales et inverses. Avec les mauvais axes, des forces centrifuges non compensées apparaissent, et des forces centrifuges composites non compensées, dues à la rotation. L'influence de ces forces peut être démontrée par maints faits à la surface de la terre : le pendule de Foucault, la forme de la terre, les directions fixes de rotation des cyclones et anticyclones. Il est difficile de prendre au sérieux la suggestion selon laquelle ces phénomènes d'ordre interne sur la terre sont dus à l'influence des étoiles fixes. Je ne peux réussir à croire qu'une petite étoile tournait en clignotant autour du pendule de Foucault à l'exposition de Paris en 1861. Bien sûr n'importe quoi peut être cru dès lors qu'une connexion physique définie a été établie, par exemple l'influence des taches solaires. Ici toute démonstration fait défaut, qui ait forme de théorie cohérente. Selon la théorie de ces conférences, les axes qui servent de référence au mouvement sont des axes immobiles dans l'espace d'un système temporel. Par exemple, considérons l'espace d'un système temporel α. Il

existe un ensemble d'axes immobiles dans l'espace d'α. Ils forment des axes dynamiques convenables. Un ensemble d'axes dans cet espace se mouvant avec une vitesse uniforme **139** sans rotation est | aussi un autre ensemble convenable. Tous les points en mouvement fixés sur ces axes en mouvement dessinent en réalité avec une vitesse uniforme des lignes parallèles. Autrement dit, ils sont la réflexion dans l'espace d'α d'un ensemble d'axes fixes dans l'espace d'un autre système temporel β. C'est pourquoi le groupe d'axes dynamiques requis par la loi du mouvement de Newton est le résultat de la nécessité de rapporter le mouvement à un corps immobile dans l'espace d'un système temporel quelconque en vue de rendre compte de façon cohérente des propriétés physiques. Si nous ne faisons pas ainsi, la signification du mouvement d'une portion de notre configuration physique est différente de la signification du mouvement d'une autre portion de la même configuration. Ainsi la signification du mouvement étant ce qu'elle est, en vue de décrire le mouvement d'un système d'objets sans changer la signification des termes en avançant dans la description, on est contraint de prendre un de ces ensembles d'axes comme axes de référence; bien qu'on puisse choisir leurs réflexions dans l'espace du système temporel qu'on voudra. Une raison physique définie est par là assignée à la propriété particulière du groupe dynamique d'axes.

Selon la théorie orthodoxe la position des équations du mouvement est très ambiguë. L'espace auquel elles renvoient est complètement indéterminé et il en est de même de la mesure d'un laps de temps. La science expose simplement comment elle va à la pêche pour voir si l'on ne pourra pas trouver quelque procédure qu'elle puisse appeler la mesure du temps, et quelque procédure qu'elle puisse appeler la mesure de l'espace, et quelque chose qu'elle puisse appeler un système de forces, et quelque chose qu'elle puisse appeler masses, de telle sorte que ces formules puissent être satisfaites. La seule raison – selon cette théorie – pour laquelle quelqu'un voudrait satisfaire ces formules est un égard sentimental pour Galilée, | Newton, Euler et Lagrange. La théorie, loin de **140** fonder la science sur une solide base d'observation, contraint chaque chose à se conformer à une simple préférence mathématique pour certaines formules simples.

Je ne crois pas un instant que cela rende véritablement compte du statut réel des lois du mouvement. Ces équations exigent un ajustement fin aux nouvelles formules de la relativité. Mais avec ces ajustements, imperceptibles dans l'usage ordinaire, ces lois ont du rapport avec les quantités physiques fondamentales que nous connaissons très bien et souhaitons y relier.

La mesure du temps fut connue de toutes les nations civilisées bien avant que les lois en aient été conçues. C'est de ce temps, ainsi mesuré, que ces lois s'occupent. Aussi ont-elles rapport à l'espace de notre vie quotidienne. Quand nous approchons d'une exactitude de mesure au-delà de celle de l'observation, l'ajustement est permis. Mais dans les limites de l'observation nous savons ce que nous voulons dire quand nous parlons de mesure de l'espace et de mesure du temps et de changement uniforme. Il appartient à la science de rendre intellectuellement compte de ce qui est si évident à la conscience sensible. Il est pour moi tout à fait incroyable que le fait ultime au delà duquel il n'y a plus d'explication, soit le fait que l'homme ait été réellement gouverné par un désir inconscient de satisfaire aux formules mathématiques que nous appelons les lois du mouvement, formules complètement inconnues jusqu'au dix-septième siècle de notre ère.

La corrélation des faits de l'expérience sensible opérée par notre alternative dans la description de la nature, s'étend au-delà des propriétés physiques du mouvement et des propriétés de la congruence. Elle rend compte de la signification d'entités géométriques comme les points, les lignes droites, les volu- **141** mes, et relie les idées apparentées | d'extension dans le temps et d'extension dans l'espace. La théorie satisfait ici au véritable propos d'une explication intellectuelle dans la sphère de la philosophie naturelle. Ce propos est de mettre en évidence des interconnexions de la nature, et de montrer qu'un ensemble de constituants dans la nature requiert pour la mise en évidence de son caractère la présence des autres ensembles de constituants.

L'idée fausse dont nous avons à nous débarrasser est celle de la nature comme simple agrégat d'entités indépendantes et susceptibles d'être prises isolément. Selon cette conception, ces entités, dont les caractères sont susceptibles d'être définis isolément, se rencontrent et forment par leurs relations acci- dentelles le système de la nature. Ce système est ainsi entiè- rement accidentel; et, même s'il est assujetti à un destin mécanique, il n'y est assujetti qu'accidentellement.

Avec cette théorie l'espace pourrait être sans le temps, et le temps pourrait être sans l'espace. Cette théorie, il est vrai, s'écroule quand nous arrivons aux relations entre matière et espace. La théorie relationnelle admet que nous ne pouvons connaître l'espace sans la matière ou la matière sans l'espace. Mais la séparation des deux d'avec le temps est toujours jalousement préservée. Les relations entre portions de matière dans l'espace sont des faits accidentels par suite de l'absence d'interprétation cohérente du passage de l'espace à la matière et du passage de la matière à l'espace. De même ce que nous observons réellement dans la nature, couleurs, bruits, contacts, sont des qualités secondes; autrement dit, ils ne sont pas la nature du tout mais des produits accidentels des relations entre nature et esprit.

L'explication de la nature que j'avance comme une alternative idéale à cette vision de la nature comme accidentelle, est que rien dans la nature ne pourrait être ce qu'il est si ce n'est à titre | d'ingrédient de la nature telle qu'elle est en elle-même. **142** Le tout qui est présent pour la discrimination est posé dans la conscience sensible comme nécessaire pour les parties discriminées. Un événement isolé n'est pas un événement, parce que chaque événement est un facteur d'un tout plus large et signifie ce tout. Il ne peut y avoir nul temps en dehors de l'espace ; et nul espace en dehors du temps ; et ni espace ni temps en dehors du passage des événements de la nature. L'isolation d'une entité dans la pensée, quand nous la concevons comme un pur *ceci*, n'a nulle contrepartie dans une isolation correspondante dans la nature. Une telle isolation fait seulement partie de la procédure intellectuelle de la connaissance.

Les lois de la nature sont le produit des caractères des entités que nous trouvons dans la nature. Les entités étant ce qu'elles sont, les lois doivent être ce qu'elles sont ; et inversement les entités découlent des lois. Nous avons un long chemin à couvrir pour atteindre un tel idéal ; mais cela demeure le but permanent de la science théorique.

LES OBJETS

La conférence présente s'occupe de la théorie des objets. Les objets sont des éléments naturels qui ne passent point. La conscience d'un objet en tant que facteur ne prenant pas part au passage de la nature est ce que j'appelle *récognition*. Il est impossible de reconnaître un événement, parce qu'un événement est essentiellement distinct de tout autre événement. La récognition est la conscience d'une identité. Mais pour appeler récognition une conscience d'identité, il faut supposer un acte de comparaison accompagné de jugement. J'utilise récognition pour la relation non intellectuelle de conscience sensible qui relie l'esprit avec un facteur de la nature qui ne passe pas. Au plan intellectuel de l'expérience de l'esprit, il existe des comparaisons de choses reconnues et il s'ensuit des jugements d'identité ou de diversité. Probablement *récognition sensible* serait une meilleure expression pour ce que j'entends par *récognition*. J'ai choisi l'expression la plus simple parce que je crois pouvoir éviter d'utiliser *récognition* en un sens autre que *récognition sensible*. Je suis tout disposé à croire que la récognition, au sens que je donne à ce terme, est seulement une limite idéale, et qu'en fait il n'y a pas de récognition sans un accompagnement intellectuel de comparaisons et de jugements. Mais la récognition est cette relation de l'esprit à la nature qui fournit sa matière à l'activité intellectuelle.

Un objet est un ingrédient inclus dans le caractère d'un certain événement. En fait le caractère d'un événement n'est autre que les objets qui en sont les ingrédients et les manières par | lesquelles ces objets font ingression [1] dans cet événement. Ainsi la théorie des objets est la théorie de la comparaison des événements. Les événements sont comparables seulement parce qu'ils conduisent à des permanences. Nous comparons des objets dans les événements chaque fois que nous pouvons dire : « C'est encore là ». Les objets sont les éléments dans la nature qui peuvent *être encore*.

Parfois on peut prouver l'existence de permanences qui échappent à la récognition au sens où je prends ce terme. Les permanences qui échappent à la récognition nous apparaissent comme des propriétés abstraites soit des événements, soit des objets. Malgré tout, elles sont là pour la récognition bien que notre conscience sensible ne les distingue pas. La démarcation entre événements, le morcellement de la nature en parties est réalisé par les objets que nous reconnaissons comme leurs ingrédients. Le discernement de la nature est la récognition des objets parmi les événements qui passent. C'est un composé de la conscience du passage de la nature, de la partition de la nature qui s'ensuit, et de la définition de certaines parties de la nature par les modes par lesquels des objets y font ingression.

Vous avez pu remarquer que je me sers du terme *ingression* pour désigner la relation générale des objets aux événements. L'ingression d'un objet dans un événement est la manière par laquelle le caractère de l'événement se forme lui-

1. On a été ici tenu de traduire mot à mot, afin de garder le jeu en anglais sur les termes *ingrédients* et *ingression*; voir plus bas les commentaires de Whitehead lui-même sur son recours à ces termes.

même en vertu de l'être de l'objet. Ou encore : l'événement est ce qu'il est parce que l'objet est ce qu'il est ; et quand je pense à cette modification de l'événement par l'objet, j'appelle la relation entre les deux *l'ingression de l'objet dans l'événement*. Il est également vrai de dire que les objets sont ce qu'ils sont parce que les événements sont ce qu'ils sont. La nature est ainsi faite qu'il ne peut y avoir d'événements ni d'objets sans ingression des objets dans les événements, | bien qu'il y ait des **145** événements dont les objets ingrédients échappent à notre récognition. Ce sont les événements dans l'espace vide. Ces événements sont seulement analysés pour nous par l'exploration intellectuelle de la science.

L'ingression est une relation qui possède des modes variés. Il existe à l'évidence des espèces très variées d'objets ; et aucune espèce d'objet ne peut avoir la même sorte de relations aux événements qu'une autre espèce. Nous allons avoir à analyser quelques-uns des différents modes d'ingression dans les événements appartenant à des espèces différentes d'objets.

Mais même si nous nous attachons à une seule et même espèce d'objets, un objet de cette espèce a différents modes d'ingression selon les différents événements. La science et la philosophie ont pu s'empêtrer elles-mêmes dans une théorie étroite[1] selon laquelle un objet est en un lieu unique à un moment donné et ne saurait être en aucun sens quelque part ailleurs. C'est là en fait l'attitude de pensée du sens commun, bien que ce ne soit pas l'attitude du langage qui exprime naïvement les faits d'expérience. Chaque phrase d'une œuvre littéraire qui s'évertue à interpréter fidèlement les faits d'expérience, exprime des différences dans les événements environnant, dues à la présence de quelque objet. Un objet est ingrédient à travers tout son voisinage, et son voisinage est

---

1. *Simpleminded.*

indéfini. Aussi la modification des événements par l'ingression est-elle susceptible de différences quantitatives. Finalement nous sommes conduits par là à admettre que chaque objet est en un sens ingrédient à la nature de part en part; bien que son ingression puisse être quantitativement étrangère à l'expression de nos expériences individuelles.

146 La philosophie ou la science n'admettent pas cela d'hier. C'est à l'évidence un axiome nécessaire pour ceux | des philosophes qui prétendent que la réalité est un système. Dans ces conférences nous ne touchons pas à la question profonde et controversée de savoir ce que nous entendons par *réalité*. Je défends la thèse plus modeste selon laquelle la nature est un système. Mais je suppose que dans ce cas, le moins suit le plus et que je peux revendiquer le soutien de ces philosophes. La même doctrine est essentiellement entremêlée à toute la spéculation scientifique moderne. Déjà en 1847, Faraday dans un article du *Philosophical Magazine* remarquait que sa théorie des tuyaux de forces impliquait qu'en un sens une charge électrique est partout. La modification du champ magnétique en chaque point de l'espace à chaque instant en raison du passé historique de chaque électron est une autre manière de poser le même fait. Nous pouvons du reste illustrer cette doctrine par les faits plus familiers de la vie sans recourir aux spéculations abstruses de la physique théorique.

Les vagues qui roulent sur la côte de Cornouailles parlent d'un coup de vent dans l'Atlantique; et notre dîner témoigne de l'ingression de la cuisinière dans la salle à manger. Il est évident que l'ingression des objets dans les événements englobe la théorie de la causalité. Je préfère négliger cet aspect de l'ingression, parce que la causalité évoque la mémoire de discussions reposant sur des théories de la nature étrangères à la mienne. Je pense aussi que quelque nouvelle lumière pourra être jetée sur le sujet si on l'aborde sous un jour nouveau.

Les exemples que j'ai donnés de l'ingression des objets dans les événements nous rappellent que l'ingression prend une forme particulière dans le cas de certains événements; en un sens, c'est une forme plus concentrée. Par exemple, l'électron a une certaine position dans l'espace et une certaine forme. Peut-être est-il une sphère extrêmement petite dans un | tube à essai. La tempête est un coup de vent situé au milieu de **147** l'Atlantique à une certaine latitude et longitude, et la cuisinière est à la cuisine. J'appellerai cette forme spéciale d'ingression la *relation de situation*; de même, en jouant sur le double sens du mot *situation*, j'appellerai l'événement dans lequel un objet est situé *la situation de l'objet*. Ainsi une situation est un événement qui est un *relatum* dans la relation de situation. Or notre première impression est qu'enfin nous voici arrivés au simple fait évident de l'emplacement où l'objet est en réalité; et que la relation plus vague que j'appelle ingression ne peut pas être confondue avec la relation de situation, comme si elle l'incluait comme un cas particulier. Il semble si évident que chaque objet est dans telle ou telle position, et que cela influence les autres événements dans un sens totalement différent. En effet, en un sens, un objet est le caractère de l'événement qui est sa situation, mais cela seul influence le caractère des autres événements. C'est pourquoi les relations de situation et d'influence ne sont en général pas de même sorte, et ne pourraient pas être subsumées sous le terme commun *ingression*. Je crois cette idée erronée et qu'il est impossible de tracer une distinction claire entre les deux relations.

Par exemple, où se trouvait votre mal de dents? Vous êtes allé chez un dentiste et lui avez désigné la dent. Mais il l'a trouvée parfaitement saine, et vous a soigné en obturant une autre dent. Quelle dent était la situation de votre mal de dents? De même, un homme a été amputé d'un bras, et éprouve des sensations dans la main qu'il a perdue. La situation de la main imaginaire est en fait seulement l'air. Vous regardez dans un miroir et voyez un feu. Les flammes que vous voyez sont situées en arrière du miroir. De même, la nuit vous regardez le ciel ; si certaines étoiles ont quitté l'existence quelques heures **148** auparavant, cela restera à votre insu. | Même les situations des planètes diffèrent de celles que la science leur assignerait.

En tout cas vous êtes tenté de vous exclamer que la cuisinière est dans la cuisine. Si vous pensez à son esprit, je ne vous suivrai pas sur ce point, car je parle seulement de la nature. Considérons seulement sa présence corporelle. Qu'entendons-nous par cette idée ? Nous nous bornons à des manifestations typiques de celle-ci. Nous pouvons voir la cuisinière, la toucher, l'entendre. Mais les exemples que je vous ai donnés montrent que les notions des situations de ce que vous voyez, touchez, entendez, ne sont pas nettement séparées, comme pour défier la poursuite de la recherche. Vous ne pouvez pas vous raccrocher à l'idée que nous aurions deux groupes d'expériences de la nature, l'un des qualités primaires appartenant aux objets perçus, et l'autre des qualités secondes produites par nos excitations mentales. Tout ce que nous connaissons de la nature est sur le même bateau, et est destiné à sombrer ou à naviguer ensemble. Les constructions de la science consistent uniquement à exposer les caractères des choses perçues. Affirmer par conséquent que la cuisinière est une certaine danse de molécules et d'électrons, c'est seulement affirmer que ce qui en elle est perceptible possède certains caractères. Les situations des manifestations perçues de sa présence corporelle ont seulement une relation très générale aux situations de ces molécules, relation déterminable par l'examen des circonstances perceptives.

Dans l'examen des relations de situation en particulier et d'ingression en général, il est requis d'abord de noter que les objets sont de types radicalement différents. Pour chaque type, la *situation* et l'*ingression* ont leurs significations spéciales qui diffèrent des significations propres à d'autres types, même si des interconnexions peuvent être aperçues entre elles. | Il est **149** nécessaire par suite quand on les examine de déterminer quel type d'objets on considère. Je crois qu'il existe un nombre indéfini de types d'objets. Par bonheur nous n'avons pas besoin de tous les envisager. L'idée de situation a une particulière importance par rapport à trois types d'objets que j'appellerai les objets sensibles, les objets perceptuels[1] et les objets scientifiques. Que ces noms conviennent à ces trois types ou non est de faible importance, si du moins je parviens à expliquer ce qu'ils signifient pour moi.

Ces trois types forment une hiérarchie ascendante, dans laquelle chacun présuppose le type inférieur. La base de cette hiérarchie est formée par les objets sensibles. Ces objets ne présupposent aucun autre type d'objets. Un objet sensible est un facteur de la nature posée par la conscience sensible, lequel a) pour autant qu'il est un objet, ne participe pas au passage de la nature, et b) n'est pas une relation entre d'autres facteurs de la nature. Il sera évidemment un *relatum* dans des relations impliquant aussi d'autres facteurs de la nature. Mais il est toujours un *relatum* et jamais la relation elle-même. Exemples d'objets sensibles : une sorte particulière de couleur, le bleu de Cambridge, ou une sorte particulière de parfum, ou une sorte particulière de sentiment. Je ne parle pas d'un certain morceau[2] de bleu vu pendant une seconde particulière du temps à une date définie. Un tel morceau est un événement où le bleu Cambridge est situé. De même je ne parle pas d'une salle de concert particulière remplie par une note. Je pense à la note elle-même et non pas au morceau de volume rempli par le

---

1. *Perceptual.*
2. *Patch.*

son pendant un dixième de seconde. Il est naturel pour nous de penser à la note en elle-même, mais dans le cas de la couleur nous sommes capables de penser à celle-ci comme à une simple propriété du morceau. Personne ne pense à la note **150** comme à une | propriété de la salle de concert. Nous voyons le bleu et nous entendons la note. Le bleu et la note sont tous deux immédiatement posés par la discrimination de la conscience sensible qui lie l'esprit à la nature. Le bleu est posé comme étant dans la nature en relation avec d'autres facteurs naturels. En particulier il est posé comme étant dans la relation d'être situé dans l'événement qui est sa situation.

Les difficultés accumulées autour de la relation de situation proviennent du refus obstiné des philosophes de prendre au sérieux le fait ultime des relations multiples. Par relation multiple j'entends une relation dont une forme concrète quelconque de son occurrence enveloppe nécessairement plus de deux *relata*. Par exemple quand John aime Thomas, il y a seulement deux *relata*, John et Thomas. Mais quand John donne à Thomas un livre il y a trois *relata*, John, ce livre et Thomas.

Certaines écoles philosophiques, sous l'influence de la logique et de la philosophie aristotéliciennes, s'efforcent de se passer de toute relation autre que celle de la substance et de l'attribut. Car toutes les relations apparentes doivent être réduites à l'existence d'un concours de substances accompagnées d'attributs divers. Il est bien évident que la monadologie leibnizienne est l'aboutissement nécessaire de toute philosophie de ce genre. Si vous rejetez le pluralisme, il restera une monade unique.

D'autres écoles de philosophie admettent les relations mais refusent avec obstination de considérer les relations ayant plus de deux *relata*. Je ne crois pas que cette limitation soit fondée sur un projet ou une théorie préalables. Elle provient seulement du fait que des relations plus compliquées sont gênantes pour qui manque d'un entraînement mathématique adéquat, quand on les introduit dans le raisonnement.

Je dois répéter que dans ces conférences | le caractère **151** ultime de la réalité n'est pas notre affaire. Il est tout à fait possible que dans la vraie philosophie de la réalité il y ait seulement des substances et des attributs, ou seulement des relations contenant des *relata* en paires. Je ne crois pas que tel soit le cas; mais polémiquer là-dessus n'est pas maintenant mon affaire. Notre thème est la Nature. Tant que nous nous limitons aux facteurs posés dans la conscience sensible de la nature, il me semble être certain qu'il y a des instances de relations multiples entre certains facteurs, et que la relation de situation des objets sensibles est un exemple de ces relations multiples.

Imaginez une veste bleue, une veste de flanelle bleu Cambridge appartenant à un athlète. Cette veste elle-même est un objet perceptuel et ce n'est pas de sa situation que je parle. Nous parlons de la conscience sensible déterminée de quelqu'un, conscience d'un bleu Cambridge situé dans un événement naturel. Ce quelqu'un peut regarder la veste directement. Il voit alors le bleu Cambridge situé pratiquement dans le même événement que la veste à cet instant. Il est vrai que le bleu qu'il voit est du à la lumière qui a quitté la veste une inconcevable fraction de seconde auparavant. La différence serait importante s'il regardait une étoile de couleur bleu Cambridge. L'étoile peut avoir cessé d'exister des jours, ou même des années auparavant. La situation de ce bleu ne sera pas alors liée très intimement avec la situation (en un autre sens de *situation*) d'un objet perceptuel. Cette séparation entre la situation du bleu et la situation d'un objet perceptuel correspondant, on n'a pas besoin d'une étoile pour en donner un exemple. Un simple miroir suffira. Regardez la veste dans un miroir. Alors vous voyez le bleu situé derrière le miroir. L'événement qu'est la situation dépend de la position de l'observateur.

152 | La conscience sensible du bleu en tant qu'il est situé dans un certain événement que j'appelle la situation, est ainsi présentée comme étant la conscience sensible d'une relation entre le bleu, l'événement percevant de l'observateur, la situation, et les événements concomitants. C'est la nature entière dont on a ici besoin, bien que certains événements concomitants doivent avoir des caractères déterminés d'une certaine façon. L'ingression du bleu dans les événements de la nature est présentée ainsi comme incluse dans un système de relations. La conscience de l'observateur dépend de la position de l'événement percevant dans ce système relationnel. J'emploierai l'expression *ingression dans la nature* pour ce système relationnel du bleu et de la nature. Ainsi l'ingression du bleu dans un événement déterminé est une affirmation partielle du fait de l'ingression du bleu dans la nature.

Eu égard à l'ingression du bleu dans la nature, les événements peuvent être en gros rangés en quatre classes qui se chevauchent et ne sont pas clairement séparées. Ces classes sont a) les événements percevants, b) les situations, c) les événements conditionnants actifs, d) les événements conditionnants passifs. Pour comprendre cette classification des événements dans le fait général de l'ingression du bleu dans la nature, tournons notre attention vers une situation donnée à un événement percevant et vers les rôles[1] qui en découlent pour les événements conditionnants de l'ingression ainsi circonscrite. L'événement percevant est l'état corporel pertinent de l'observateur. La situation est là où il voit le bleu, disons derrière le miroir. Les événements conditionnants actifs sont

---

1. En français dans le texte.

les événements dont les caractères sont pertinents particulièrement pour que cet événement (qu'est la situation) soit la
situation pour cet événement percevant, c'est-à-dire la veste,
le miroir, et l'état de la pièce, quant à la lumière et
l'atmosphère. Les événements conditionnants passifs sont les
événements du reste de la nature.

| En général la situation est un événement conditionnant **153**
actif; c'est-à-dire la veste elle-même, quand il n'y a pas de
miroir ni aucun autre dispositif susceptible de produire des
effets anormaux. Mais l'exemple du miroir nous montre que la
situation peut faire partie des événements conditionnants
passifs. Nous sommes alors en mesure de dire que nos sens ont
été trompés, parce que nous exigions comme un droit que la
situation soit une condition active de l'ingression.

Cette exigence n'est pas si infondée qu'il le semble quand
on présente les choses comme je l'ai fait. Tout ce que nous
savons des caractères des événements de la nature repose sur
l'analyse des relations des situations aux événements percevants. Si les situations n'étaient pas en général des conditions
actives, cette analyse ne nous apprendrait rien. La nature serait
une énigme impénétrable pour nous et il ne pourrait pas y avoir
de science. C'est pourquoi le début de déception qu'il y a à
trouver une situation qui soit une condition passive, est en un
sens justifiable; car si cette sorte de chose se produisait trop
souvent, c'en serait fini du rôle [1] de l'entendement.

En outre le miroir est lui-même la situation d'autres objets
sensibles soit pour le même observateur et [2] le même événement percevant, soit pour d'autres observateurs et d'autres
événements percevants. Ainsi le fait qu'un événement soit une
situation dans l'ingression d'un ensemble d'objets sensibles

1. En français dans le texte.
2. *With.*

dans la nature est une présomption de preuve que cet événement est une condition active dans l'ingression dans la nature d'autres objets sensibles pouvant avoir d'autres situations.

C'est là un principe fondamental de la science dérivé du sens commun.

Je reviens maintenant aux objets perceptuels. Quand nous regardons la veste, en général nous ne disons pas : voici une tache de bleu Cambridge ; ce qui nous vient naturellement à la bouche, c'est : voici une veste. Ainsi le jugement que ce que **154** nous avons vu est | une pièce de vêtement masculin, est un détail. Ce que nous percevons est un objet autre qu'un simple objet sensible. Ce n'est pas simplement une tache de couleur, mais quelque chose de plus ; et c'est ce quelque chose de plus que nous jugeons être une veste. J'utiliserai le mot *veste* comme nom pour cet objet brut qui est plus qu'une tache de couleur, et sans aucune allusion aux jugements relatifs à son utilité comme article vestimentaire dans le passé ou dans l'avenir. La veste qu'on perçoit – en ce sens du mot *veste* – est ce que j'appelle l'objet perceptuel. Il nous faut approfondir le caractère général de ces objets perceptuels.

C'est une loi de la nature qu'en général la situation d'un objet sensible n'est pas seulement la situation de cet objet sensible pour un événement percevant déterminé, mais est la situation d'objets sensibles variés pour des événements percevants variés. Par exemple, pour un événement percevant quelconque, la situation d'un objet sensible visuel peut être aussi la situation de divers objets sensibles de la vue, du toucher, de l'odorat, et de l'ouïe. En outre cette concurrence dans les situations des objets sensibles a conduit au corps – *i.e.* l'événement percevant – qui s'adapte de telle sorte que la perception d'un objet sensible dans une certaine situation conduit à une subconscience sensible [1] d'autres objets sensibles dans la même situation. Cette interaction apparaît spécialement entre le toucher et la vue. Il y a une certaine corrélation entre les ingressions dans la nature des objets sensibles tactiles et des objets sensibles visuels, et à un moindre degré entre les ingressions d'autres couples d'objets sensibles. J'appelle cette espèce de corrélation la *communication* [2] d'un objet sensible avec un autre. Quand vous voyez la veste de flanelle bleue, vous vous sentez vous-même subconsciemment portant cette veste ou encore la touchant. Si vous êtes fumeur, vous pouvez aussi subconsciemment saisir [3] | l'arôme léger du tabac. Le fait **155** particulier, posé par cette conscience sensible de la concurrence d'objets sensibles subconscients accompagnant au moins un objet sensible dominant dans la même situation, est la conscience sensible de l'objet perceptuel. L'objet perceptuel n'est pas principalement le résultat d'un jugement. C'est un facteur de la nature posé directement dans la conscience sensible. Le jugement intervient quand nous entreprenons de classer un objet perceptuel particulier. Par exemple, nous dirons : voici de la flanelle, et nous pensons aux propriétés de la flanelle et aux besoins vestimentaires des athlètes. Mais tout cela intervient après que nous ayons pris contact avec l'objet perceptuel. Des jugements d'anticipation affectent l'objet perceptuel dans la perception en concentrant ou détournant l'attention.

L'objet perceptuel est le résultat de l'habitude de l'expérience. Tout ce qui contrarie cette habitude entrave la conscience sensible de cet objet. Un objet sensible n'est pas le produit de l'association d'idées intellectuelles ; il est le produit

---

1. *Subconscious sense-awareness.*
2. *Conveyance.*
3. *Be aware.*

de l'association d'objets sensibles ayant même situation. Ce résultat n'est pas intellectuel; c'est un objet d'un type particulier ayant sa propre ingression particulière dans la nature.

Il y a deux sortes d'objets perceptuels : *les objets perceptuels illusoires*[1] et *les objets perceptuels physiques*. La situation d'un objet perceptuel illusoire est une condition passive de l'ingression dans la nature de cet objet. Aussi l'événement qui en est la situation n'aura de relation de situation à l'objet que pour un seul événement percevant particulier. Par exemple, un observateur voit l'image de la veste bleue dans un miroir. C'est une veste bleue qu'il voit, et non une simple tache de couleur. Ce qui montre que les conditions actives pour la communication d'un groupe d'objets sensibles subconscients avec un | objet sensible dominant sont à chercher dans l'événement percevant. Et en effet ce sont eux que nous cherchons dans les investigations médicales des physiologistes. L'ingression dans la nature de l'objet sensible illusoire est conditionnée par l'adaptation d'événements corporels à l'occurrence la plus normale qu'est l'ingression de l'objet physique.

Un objet perceptuel est un objet physique quand a) sa situation est un événement conditionnant actif de l'ingression d'un des objets sensibles qui le composent, b) et que le même événement peut être la situation de l'objet perceptuel pour un nombre indéfini d'événements percevants possibles. Les objets physiques sont les objets ordinaires que nous percevons quand nos sens ne sont pas trompés, comme les chaises, les tables et les arbres. D'une certaine façon les objets physiques ont un pouvoir perceptuel plus pressant que les objets sensibles. L'attention au fait de leur occurrence dans la nature est la première condition de la survie des organismes vivants com-

156

---

1. *Delusive.*

plexes. La conséquence de ce haut pouvoir perceptuel des objets physiques est la philosophie scolastique de la nature qui regarde les objets sensibles comme de simples attributs des objets physiques. Ce point de vue scolastique est directement contredit par l'abondance[1] des objets sensibles qui entrent dans notre expérience en tant que situés dans des événements sans aucune connexion avec des objets physiques. Par exemple, des odeurs, des sons, des couleurs perdus et même de plus subtils objets sensibles sans nom. Il n'y a pas de perception d'objets physiques sans perception d'objets sensibles. Mais l'inverse ne tient pas : il y a une abondante perception d'objets sensibles non accompagnée de perception d'objets physiques. Cette non-réciprocité des relations entre objets sensibles et objets physiques est fatale à la philosophie naturelle scolastique.

| Il y a une grande différence dans les *rôles* des situations **157** des objets sensibles et des objets physiques. Les situations d'un objet physique sont conditionnées par l'unicité et la continuité. L'unicité[2] est une limite idéale vers laquelle nous tendons quand nous progressons dans la pensée à travers un ensemble abstractif de durées, en considérant des durées de plus en plus petites en approchant de la limite idéale du moment du temps. En d'autres termes, quand la durée est assez petite, la situation de l'objet physique dans cette durée est pratiquement unique.

L'identification du même objet physique comme étant situé en des événements distincts appartenant à des durées distinctes est réalisée par la condition de continuité. Cette condition de continuité est la condition selon laquelle une continuité dans le passage des événements, chaque événement étant une

1. *Wealth.*
2. *Uniqueness.*

situation de l'objet dans sa durée correspondante, peut être trouvée de l'un à l'autre des deux événements donnés. Dans la mesure où les deux événements sont pratiquement adjacents en un présent apparent, cette continuité du passage peut être perçue directement. Sinon elle est occasion de jugement et d'inférence.

Les situations d'un objet sensible ne sont pas conditionnées par aucune de ces conditions soit d'unicité, soit de continuité. Dans une durée si petite soit-elle, un objet sensible peut avoir quantité de situations séparées les unes des autres. Ainsi deux situations d'un objet sensible, soit dans la même durée soit dans des durées différentes, ne sont pas nécessairement reliées par un passage continu d'événements qui soient aussi des situations de ce même objet sensible.

Les caractères des événements conditionnants impliqués dans l'ingression dans la nature d'un objet sensible peuvent être largement exprimés dans les termes des objets physiques qui sont situés dans ces événements. Sous un certain angle c'est aussi une tautologie. Car l'objet physique n'est rien d'autre que | la concurrence habituelle d'un certain ensemble d'objets sensibles dans une situation. C'est pourquoi quand nous savons tout de l'objet physique, nous connaissons par là ses objets sensibles constitutifs. Mais un objet physique est une condition pour l'apparition[1] d'objets sensibles autres que ceux qui le constituent. Par exemple, l'atmosphère est cause des événements qui sont les situations susceptibles de fournir les événements conditionnants actifs à la transmission du son. Un miroir qui est lui-même un objet physique est une condition active pour la situation d'une tache de couleur derrière lui, due à la réflexion de la lumière sur lui.

158

---

1. *Occurence.*

Ainsi l'origine de la connaissance scientifique est l'effort pour exprimer en termes d'objets physiques les rôles[1] variés des événements comme conditions actives de l'ingression des objets sensibles dans la nature. C'est dans le progrès de cette recherche que les objets scientifiques émergent. Ils contiennent ces aspects du caractère des situations des objets physiques qui sont les plus permanentes et sont exprimables sans référence à une relation multiple incluant un événement percevant. Leurs relations les uns aux autres sont aussi caractérisées par une certaine simplicité et uniformité. Finalement les caractères des objets physiques observés et des objets sensibles peuvent être exprimés dans les termes de ces objets scientifiques. En fait tout ce qui est fait en quête de ces objets scientifiques se ramène à l'effort pour obtenir cette expression simple des caractères des événements. Ces objets scientifiques ne sont pas eux-mêmes seulement des formules de calcul; car les formules doivent renvoyer à des choses dans la nature, et les objets scientifiques sont ces choses dans la nature à quoi renvoient les formules.

Un objet scientifique comme un électron déterminé est une relation systématique des caractères de tous les événements à travers la nature entière. C'est un aspect du | caractère systé- **159** matique de la nature. L'électron n'est pas seulement où est sa charge. La charge est le caractère quantitatif de certains événements du à l'ingression dans la nature de l'électron. L'électron est son champ entier de force. En effet l'électron est la manière systématique selon laquelle tous les événements sont modifiés en tant qu'expression de son ingression. La situation d'un électron dans une petite durée peut être définie comme l'événement ayant le caractère quantitatif qu'est la charge de l'électron. Nous pouvons si nous voulons appeler

1. En français dans le texte.

électron la charge seule. Mais alors il faudra un autre nom pour l'objet scientifique qu'est l'entité complète dont la science s'occupe et que j'ai appelé électron.

Conformément à cette conception des objets scientifiques, les théories rivales de l'action à distance et de l'action par transmission à travers un médium, sont toutes deux des expressions incomplètes du vrai processus de la nature. Le cours des événements qui forment la série continue des situations de l'électron est entièrement auto-déterminé, à la fois pour ce qui est d'avoir le caractère intrinsèque d'être la série des situations de cet électron, et pour ce qui est des systèmes temporels avec lesquels ses divers membres sont cogrédients, et le flux de leurs positions dans leurs durées correspondantes. C'est là le fondement de la négation de l'action à distance ; car le progrès du courant des situations d'un objet scientifique peut être déterminé par une analyse de ce courant lui-même.

D'autre part l'ingression dans la nature de chaque électron modifie dans une certaine mesure le caractère de chaque événement. Ainsi le caractère du courant des événements que nous considérons porte des marques de l'existence de chaque autre électron à travers l'univers. S'il nous plaît de réduire les 160 électrons à ce que j'appelle | leurs charges, alors les charges agissent à distance. Mais cette action consiste dans la modification de la situation de l'autre électron considéré. Cette conception d'une charge agissant à distance est totalement artificielle. La conception qui exprime le plus complètement le caractère de la nature est celle selon laquelle chaque événement est modifié par l'ingression dans la nature de chaque électron. L'éther est l'expression de cette modification systématique des événements à travers l'espace et à travers le temps. La meilleure expression du caractère de cette modification reste à trouver pour les physiciens. Ma théorie n'a rien à voir avec cela et est prête à accepter tous les résultats de la recherche physique.

La connexion des objets avec l'espace réclame une élucidation. Les objets sont situés dans les événements. La relation de situation est une relation différente pour chaque type d'objet, et dans le cas des objets sensibles ne peut être exprimée par une relation binaire. Peut-être vaudrait-il mieux utiliser un terme différent pour ces différents types de relation de situation. Cela n'a pourtant pas été nécessaire à notre projet dans ces conférences. On doit toutefois comprendre que, quand on parle de situation, un certain type déterminé (de situation) est en cause, et il peut arriver que l'argumentation ne puisse s'appliquer à une situation d'un autre type. Dans tous les cas cependant, j'emploierai situation pour exprimer une relation entre objets et événements et non entre objets et éléments abstractifs. Il existe une relation dérivée entre objets et éléments spatiaux que j'appelle relation de localisation[1] et quand il s'agit de cette relation, je dis que l'objet est localisé dans l'élément abstractif. En ce sens, un objet peut être localisé en un moment du temps, dans un volume de l'espace, sur une aire, une ligne ou un point. Il y aura un type particulier de localisation correspondant à chaque type de situation; et | la localisation est dans chaque cas dérivée de la relation correspondante de situation d'une manière que je vais maintenant expliquer. **161**

De même, la localisation dans l'espace intemporel d'un système temporel est une relation dérivée de la localisation dans des espaces instantanés du même système temporel. Donc la localisation dans un espace instantané est l'idée primitive que nous avons à expliquer. Une grande confusion a été produite dans la philosophie naturelle parce qu'on a négligé de

1. *Location.*

distinguer les différents types d'objets, les différents types de situation. Il est impossible de raisonner avec rigueur dans le vague qui entoure ces objets et leurs positions, sans tenir compte de ces distinctions. Un objet est localisé dans un élément abstractif, quand on peut trouver un ensemble abstractif appartenant à cet élément tel que chaque événement appartenant à cet ensemble est une situation de l'objet. On se rappellera qu'un élément abstractif est un certain groupe d'ensembles abstractifs, et que chaque ensemble abstractif est un ensemble d'événements. Cette définition est celle de la localisation d'un élément dans un type quelconque d'élément abstractif. Dans ce sens nous pouvons parler de l'existence d'un objet à un instant, entendant par là sa localisation dans un moment déterminé. Il peut être aussi localisé dans un élément spatial de l'espace instantané de ce moment.

On peut dire d'une quantité qu'elle est localisée dans un élément abstractif quand on peut trouver un ensemble abstractif appartenant à cet élément tel que les expressions quantitatives des caractères correspondants de ses événements tendent vers la mesure de la quantité donnée prise comme limite quand nous parcourons l'ensemble abstractif vers son terme[1].

162 |Ces définitions sont celles de la localisation dans des éléments d'espaces instantanés. Ces éléments occupent des éléments correspondants d'espaces intemporels. Un objet localisé dans un élément d'un espace instantané sera aussi dit localisé en ce moment dans l'élément intemporel de l'espace intemporel occupé par cet élément instantané.

Mais tout objet ne peut pas être localisé dans un moment. Un objet qui peut être localisé dans chaque moment de quelque durée sera appelé objet *uniforme* dans cette durée. Les objets

---

1. *Its converging end.*

physiques ordinaires nous apparaissent comme étant des objets uniformes, et nous supposons habituellement que des objets scientifiques comme les électrons sont uniformes. Mais certains objets sensibles ne sont certainement pas uniformes. Un air de musique est un exemple d'objet non-uniforme. Nous l'avons perçu comme un tout dans une certaine durée; mais l'air en tant que tel n'appartient à aucun moment de cette durée bien que telle de ses notes puisse y être localisée.

Il est donc possible que pour l'existence de certaines sortes d'objets, comme les électrons, des *quanta* minimaux de temps soient requis. Un semblable postulat est apparemment demandé par la théorie moderne des *quanta* et est parfaitement compatible avec la doctrine des objets défendue dans ces conférences.

De même l'exemple de la distinction entre l'électron comme simple charge électrique quantitative propre à sa situation, et l'électron comme présidant à l'ingression d'un objet dans la nature prise en son tout, illustre le nombre indéfini de types d'objets existant dans la nature. Nous pouvons être toujours plus subtils dans la distinction intellectuelle des types d'objets. Je reconnais ici que la subtilité signifie qu'on s'éloigne de l'appréhension immédiate de la conscience sensible. L'évolution dans la complexité de la vie signifie une |augmentation des types d'objets directement sentis. La **163** finesse de l'appréhension sensible implique des perceptions d'objets comme entités distinctes qui ne sont que de pures subtilités intellectuelles pour des sensibilités plus frustes. Le phrasé musical est une pure subtilité abstraite pour le non-musicien; il est directement appréhendé par les sens chez l'initié. Par exemple, si nous pouvions imaginer un type inférieur d'organisme pensant et conscient de nos pensées, il s'étonnerait des subtilités abstraites auxquelles nous nous plaisons quand nous pensons pierres et briques, gouttes d'eau et plantes. Lui qui ne connaîtrait que de vagues sentiments indifférenciés dans la nature, nous considérerait comme des êtres s'adonnant à un jeu fait pour des intelligences excessivement abstraites. Mais s'il pouvait penser, alors il anticiperait; et s'il anticipait, il serait bientôt capable de percevoir par lui-même.

Dans ces conférences nous avons scruté les fondements de la philosophie naturelle. Nous nous arrêtons au point où un océan immense de recherches s'ouvre à notre questionnement.

J'admets que la vision de la Nature que j'ai défendue dans ces conférences n'est pas simple. La Nature apparaît comme un système complexe dont nous ne discernons que faiblement les facteurs. Mais, je vous le demande, n'est-ce pas là la pure vérité ? Ne devrions-nous pas nous garder de l'assurance cavalière avec laquelle chaque époque s'enorgueillit d'avoir enfin trouvé les concepts ultimes dans lesquels peut se formuler tout ce qui arrive ? Le but de la science est de chercher les explications les plus simples de faits complexes. Nous pouvons tomber dans l'erreur de croire que ces faits sont simples parce que la simplicité est ce que nous visons. La devise qui devrait inspirer la vie de tout philosophe de la nature est : cherche la simplicité et défie-toi d'elle.

important, parce que à moins que nos collègues astronomes et physiciens ne vérifient ces prédictions, nous pouvons oublier cette théorie dans son entier. Mais nous pouvons aujourd'hui tenir pour admis que sous plus d'un aspect frappant, on a montré que ces déductions s'accordaient avec l'observation. C'est pourquoi cette théorie doit être prise au sérieux et nous désirons vivement savoir ce que seront les conséquences de son acceptation finale. En outre au cours de ces dernières

165 semaines, | les journaux scientifiques et la grande presse ont été remplis d'articles tant sur la nature des expériences cruciales qui ont été faites, que sur certaines des expressions les plus frappantes des résultats de la nouvelle théorie. « L'espace s'est cintré » disaient les dernières nouvelles d'un journal du soir bien connu. Cette interprétation est abrupte mais n'est pas une traduction maladroite de la manière dont Einstein lui-même interprète ses propres résultats. S'agissant de cette interprétation je voudrais dire d'emblée que je suis un hérétique et je voudrais vous en proposer une autre fondée sur mon propre travail, une interprétation qui me semble mieux concorder avec nos idées scientifiques et avec le corps entier des faits à expliquer. Nous ne devons pas oublier qu'une théorie nouvelle doit tenir compte des faits établis depuis longtemps par la science autant que des résultats expérimentaux les plus récents qui ont conduit à la produire.

Pour nous mettre en état d'assimiler et de critiquer tout changement de nos conceptions scientifiques ultimes, il nous faut commencer par le commencement. Aussi vous serez d'accord avec moi si je commence par faire quelques remarques simples et évidentes. Considérez ces trois énoncés : a) « Hier un homme a été écrasé sur le quai de Chelsea » ; b) « L'Obélisque de Cléopâtre est sur le quai de Charing Cross » ; et c) « Il y a des lignes sombres dans le spectre solaire ». Le premier énoncé relatif à l'accident survenu à l'homme touche à ce que nous pouvons appeler une *occur-rence*, une chose qui *arrive* ou un *événement*[1]. J'utiliserai le terme *événement* qui est le plus court[2]. Afin de préciser un événement observé, le lieu, le temps et le caractère de l'événement sont nécessaires. En précisant le lieu et le temps, en réalité nous établissons la relation de l'événement donné à la structure générale d'autres événements observés. Par | exemple l'homme a été écrasé entre votre thé et votre dîner et **166** à la hauteur d'une barge passant sur la rivière face au trafic du Strand. Ce que je veux souligner est ceci : nous connaissons la Nature dans notre expérience comme un complexe d'événe-ments qui passent. Dans ce complexe nous distinguons des relations mutuelles définies entre des composants événe-mentiels, que nous pouvons appeler leurs positions relatives, et ces positions nous les exprimons pour une part en termes d'espace, pour une autre en termes de temps. En plus de sa simple position relative par rapport aux autres événements, chaque événement a aussi son propre caractère particulier. Autrement dit, la nature est une structure d'événements et chaque événement a sa position dans cette structure et son propre caractère particulier ou sa qualité.

Examinons maintenant les deux autres énoncés à la lumière de ce principe général sur ce que signifie la nature. Prenez le second énoncé, « L'obélisque de Cléopâtre est sur le quai de Charing Cross ». A première vue il nous serait difficile d'appeler cela un événement. Il semble que manque l'élément temporel ou transitoire. Mais est-ce le cas ? Si un ange avait fait cette remarque il y a quelques centaines de millions d'années, la terre n'existait pas, il y a vingt millions d'années il n'y avait

1. En anglais, Whitehead utilise trois termes (*occurrence, happening, event*); mais nous n'avons pas trouvé de substantifs distincts en français pour traduire les deux derniers – et *happening* ne pouvait ici être rendu par *accident*.

2. En anglais !

point de Tamise, il y a quatre vingt ans il n'y avait pas de quai sur la Tamise, et quand j'étais petit garçon l'obélisque de Cléopâtre n'était pas là. Et maintenant ce qui est ici, aucun de nous ne s'attend à ce que ce soit éternel. L'élément statique intemporel dans la relation de l'obélisque de Cléopâtre avec le quai est une pure illusion engendrée par le fait que, pour les besoins des rapports quotidiens, le faire ressortir est inutile. Ce qui nous ramène à ceci : à l'intérieur de la structure des événements qui forment le milieu[1] dans lequel a lieu la vie quotidienne des Londoniens, nous savons comment identifier

167 un certain | courant d'événements qui maintient la permanence d'un caractère, en l'espèce le caractère de ce qui fournit à l'Obélisque de Cléopâtre ses situations. Jour après jour et heure après heure, nous pouvons trouver une certaine tranche de la vie transitoire de la nature et de cette tranche nous disons : « Voici l'Obélisque de Cléopâtre ». Si nous définissons l'Obélisque d'une manière suffisamment abstraite, nous pouvons dire qu'elle ne change jamais. Mais un physicien qui envisage cette partie de la vie de la nature comme une danse d'électrons, vous dira que quotidiennement elle a perdu quelques molécules et en a gagné d'autres, et même l'homme ordinaire peut voir qu'elle se salit et qu'on la lave de temps en temps. Ainsi la question du changement de l'Obélisque est une simple affaire de définition. À la définition la plus abstraite, l'Obélisque la plus permanente. Mais que votre Obélisque change ou soit permanente, tout ce que vous voulez dire en affirmant qu'elle est située sur le quai de Charing Cross, est qu'à l'intérieur de la structure des événements vous avez connaissance d'un certain courant continu et limité d'événements, tel qu'une tranche de ce courant, pendant une heure, ou un jour, ou une seconde, a pour caractère d'être la situation de l'Obélisque de Cléopâtre.

1. *Medium.*

Finalement, arrivons au troisième énoncé, « Il y a des lignes sombres dans le spectre solaire ». C'est une loi de la nature. Mais qu'est-ce que cela signifie ? Cela signifie simplement ceci. Si un événement a pour caractère d'être une manifestation du spectre solaire dans certaines circonstances déterminées, il aura aussi pour caractère de manifester des lignes sombres dans ce spectre.

Cette longue analyse nous conduit à la conclusion finale que les faits concrets de la nature sont des événements manifestant une certaine structure dans leurs relations mutuelles et certains caractères appartenant à leur propre structure. Le but de la science est d'exprimer les relations entre ces caractères en termes de | relations structurelles mutuelles entre les événements ainsi caractérisés. **168** Les relations structurelles mutuelles entre les événements sont à la fois spatiales et temporelles. Si vous les tenez pour seulement spatiales, vous oubliez l'élément temporel, et si vous les tenez pour seulement temporelles, vous oubliez l'élément spatial. Ainsi quand vous pensez à l'espace seul, ou au temps seul, vous faites dans l'abstraction, et vous éliminez un élément essentiel de la vie de la nature telle que vous la connaissez dans votre expérience sensible. En outre il y a différentes manières de produire ces abstractions que nous identifions comme espace et temps ; et dans telles circonstances nous adoptons telle manière. Ainsi il n'y a nul paradoxe à soutenir que ce que nous entendons par l'espace sous un ensemble de circonstances n'est pas ce que nous entendons par espace sous un autre ensemble de circonstances. Et semblablement ce que nous entendons par le temps sous un ensemble de circonstances n'est pas ce que nous entendons par le temps sous un autre ensemble de circonstances. En disant que l'espace et le temps sont des abstractions, je ne veux pas dire qu'ils n'expriment pas pour nous des faits réels de[1] la nature. Ce que je veux dire est qu'il n'y a pas de faits spatiaux ou de faits temporels en dehors de la nature physique, ou que l'espace et le temps sont seulement des manières d'exprimer certaines vérités touchant les relations entre événements. Et aussi que quand les circonstances varient, les ensembles de vérités sur l'univers qui se présentent naturellement à nous comme des énoncés touchant l'espace, varient. En pareil cas, ce qu'un être placé dans un ensemble circonstanciel entend par l'espace sera différent de celui qu'entend un être placé dans un autre ensemble circonstanciel. C'est pourquoi quand nous comparons deux observations faites sous des circonstances **169** différentes, nous devons demander : « Les | deux observateurs entendent-ils la même chose par espace, et la même chose par temps ? » La théorie moderne de la relativité est née de ce que certaines difficultés touchant la concordance de certaines observations fines, comme le mouvement de la terre dans l'éther, le périhélie de Mercure, et les positions des étoiles au voisinage du soleil, ont été résolues en supposant cette signification purement relative de l'espace et du temps.

Je veux maintenant rappeler à votre attention l'Obélisque de Cléopâtre, avec lequel je n'en ai pas fini. Tandis que vous marchez le long du quai, vous levez soudain les yeux et dites : « Tiens, c'est l'Obélisque ». Autrement dit, vous le reconnaissez. Vous ne pouvez reconnaître un événement ; car quand il est passé, il est passé. Vous pouvez observer un autre événement de caractère analogue, mais la tranche actuelle de vie de la nature est inséparable de son occurrence unique. Cependant un caractère d'un événement peut être reconnu. Nous savons tous que, si nous allons sur le quai près de Charing Cross, nous observerons un événement qui a pour caractère ce que nous

1. *About.*

reconnaissons comme l'Obélisque de Cléopâtre. Les choses
que nous reconnaissons ainsi, je les appelle les objets. Un objet
est situé dans ces événements ou dans ce courant d'événements dont il exprime le caractère. Il y a maintes sortes
d'objets. Par exemple, la couleur verte est un objet selon la
définition ci-dessus. La science a pour projet de trouver les lois
qui gouvernent l'apparition des objets dans les événements
variés dans lesquels on les trouve situés. À cette fin, nous
pouvons principalement considérer deux types d'objets, que
j'appellerai les objets physiques matériels et les objets scientifiques. Un objet physique matériel est un échantillon ordinaire
de matière, par exemple l'Obélisque de Cléopâtre. C'est un
type d'objet beaucoup plus compliqué qu'une simple couleur,
telle que | la couleur de l'Obélisque. J'appelle ces objets **170**
simples, comme les couleurs ou les sons, les objets sensibles.
Un artiste s'entraînera à être plus particulièrement attentif aux
objets sensibles là où une personne ordinaire sera normale-
ment attentive aux objets matériels. Ainsi si vous marchiez en
compagnie d'un artiste, quand vous dites : « Voici l'Obélisque
de Cléopâtre », peut-être lui en même temps s'exclamerait-il :
« Voici un bel échantillon de couleur ». Cependant tous deux
auriez exprimé votre reconnaissance de différents caractères
constitutifs du même événement. Mais dans la science nous
avons découvert que quand nous savons tout des aventures au
milieu des événements des objets physiques matériels et des
objets scientifiques, nous avons l'essentiel de l'information
pertinente qui nous rendra capables de prédire les conditions
sous lesquelles nous percevrons les objets sensibles dans des
situations spécifiques. Par exemple, quand nous connaissons
l'existence d'un feu qui brûle (*i.e.* des objets matériels et
scientifiques traversant des aventures variées et excitantes au
milieu des événements), et face à lui d'un miroir (qui est un
autre objet matériel), et les positions du visage et des yeux d'un

homme regardant dans le miroir, nous savons qu'il peut percevoir la rougeur de la flamme située dans un événement derrière
le miroir – ainsi, dans une large mesure, l'apparence offerte
par les objets sensibles est conditionnée par les aventures
des objets matériels. L'analyse de ces aventures nous rend
conscients d'un autre caractère des événements, des caractères
qui sont les leurs comme champs d'une activité qui détermine
les événements suivants auxquels ils vont transmettre les
objets situés en eux. Nous exprimons ces champs d'activité en
termes de forces et d'attractions gravitationnelles, électro-
magnétiques, chimiques. Mais l'expression exacte de la nature
de ces champs d'activité nous contraint intellectuellement à
reconnaître un type moins évident d'objets comme situés dans
171 les événements, je veux dire les molécules |et les électrons.
Ces objets ne sont pas reconnus isolément. Nous ne pouvons
pas facilement manquer l'Obélisque de Cléopâtre si nous
sommes à proximité d'elle ; mais nul n'a vu une molécule seule
ou un électron seul, bien que les caractères des événements ne
puissent s'expliquer pour nous que si on les exprime dans les
termes de ces objets scientifiques. Indubitablement molécules
et électrons sont des abstractions. Mais alors l'Obélisque de
Cléopâtre aussi. Les faits concrets sont les événements eux-
mêmes – je vous ai déjà expliqué qu'être une abstraction ne
signifie pas pour une entité n'être rien. Cela signifie seulement
que son existence n'est qu'un facteur d'un élément plus concret
de la nature. Ainsi un électron est abstrait parce que vous ne
pouvez effacer la structure totale des événements et retenir
cependant l'électron dans l'existence. De la même façon le
rictus du chat est abstrait ; et la molécule est réellement dans
l'événement au même sens où le rictus est réellement sur la
face du chat. Or les sciences les plus fondamentales [1], comme

---

1. *Ultimate.*

la Chimie et la Physique, ne peuvent exprimer leurs lois fondamentales[1] dans les termes d'objets aussi vagues que le soleil, la terre, l'Obélisque de Cléopâtre, ou le corps humain. Pareils objets appartiennent en propre à l'Astronomie, la Géologie, la Technique, l'Archéologie ou la Biologie. La Chimie et la Physique ne s'occupent d'eux que pour autant qu'ils sont des exemples de complexes statistiques des effets des lois plus profondes[2] qui sont les leurs. En un certain sens, ils n'entrent dans la Physique et la Chimie qu'à titre d'applications techniques. La raison en est qu'ils sont trop vagues. Où commence l'Obélisque de Cléopâtre et où finit-il? Son encrassement fait-il partie de lui? Est-il un objet différent quand il perd une molécule ou quand sa surface entre en combinaison chimique avec l'acide du brouillard londonien? La nature définie et permanente de l'Obélisque n'est rien au regard de la possibilité de permanence | et de détermination d'une molé- **172** cule telle que la science la conçoit, et la détermination et permanence d'une molécule à son tour se subordonnent[3] à celles d'un électron. Ainsi la science, dans sa formulation la plus ultime des lois, cherche des objets ayant le plus grand caractère de simplicité déterminée et permanente, et exprime ses lois finales dans les termes de ceux-ci.

En outre quand nous cherchons à exprimer les relations des événements qui découlent de leur structure spatio-temporelle, nous tendons vers la simplicité en diminuant l'extension (à la fois spatiale et temporelle) des événements considérés. Par exemple, l'événement qu'est la vie de cette tranche de nature qu'est l'Obélisque pendant une minute, a avec la vie de la nature contenue dans une barge qui passe durant la même

1. *Idem.*
2. *Intimate.*
3. *Yelds.*

minute, une relation spatio-temporelle très complexe. Mais
supposez que nous diminuions progressivement le temps
considéré jusqu'à une seconde, ou un millième de seconde, et
ainsi de suite. Quand nous suivons une pareille série, nous
tendons vers une simplicité idéale des relations structurelles
des paires d'événements successivement considérés, idéal que
nous appelons les relations spatiales instantanées de l'Obélisque avec la barge. Même ces relations sont trop compliquées pour nous, et nous considérons des morceaux toujours
plus petits de l'Obélisque et de la barge. Finalement nous attei-
gnons ainsi l'idéal d'un événement d'extension si restreinte
qu'il perd toute extension dans l'espace et dans le temps. Un
tel événement n'est plus qu'un éclair ponctuel[1] de durée
instantanée. J'appelle une tel événement idéal une *particule-
événement*. Vous ne devez pas croire que la réalité ultime du
monde est une construction de particules-événements. C'est
mettre la charrue avant les bœufs. Le monde que nous connaissons est un courant continu d'occurrences que nous pouvons
découper[2] en événements finis formant par leurs chevau-
chements et leurs emboîtements mutuels, ainsi que par leurs
173 |séparations, une structure spatio-temporelle. Nous pouvons
exprimer les propriétés de cette structure dans les termes des
limites idéales des voies d'approximation que j'ai appelées
particules-événements. C'est pourquoi les particules-événements sont des abstractions dans leurs relations aux événements plus concrets. Mais alors par là-même vous aurez
compris que vous ne pouvez analyser la nature concrète sans
abstraire. Aussi je répète que les abstractions de la science sont
des entités qui sont réellement dans la nature, bien qu'elles
n'aient pas de signification si on les isole de la nature.

---

1. *Point-flash.*
2. *Discriminate.*

Le caractère de cette structure spatio-temporelle des événements peut être complètement exprimé en termes de relations entre ces particules-événements plus abstraites. L'avantage de travailler sur les particules-événements est que, bien qu'elles soient abstraites et complexes au regard des événements finis que nous observons directement, elles sont plus simples que les événements finis eu égard à leurs relations mutuelles. C'est pourquoi elles expriment pour nous les exigences d'une exactitude idéale, et d'une simplicité idéale dans l'exposition des relations. Ces particules-événements sont les éléments ultimes dans la multiplicité quadridimensionnelle de l'espace-temps que suppose la théorie de la relativité. Vous aurez observé que chaque particule-événement est tout autant un instant du temps qu'elle est un point dans l'espace. Je l'ai appelé un éclair ponctuel instantané. Ainsi dans la structure de l'espace-temps, la multiplicité spatiale n'est finalement pas distinguée du temps, et la possibilité reste ouverte pour divers modes de distinction variant avec la diversité des circonstances de l'observation. C'est cette possibilité qui fait la distinction fondamentale entre la nouvelle et l'ancienne manière de concevoir l'univers. Le secret de la compréhension de la relativité est dans la compréhension de ce point. Il ne sert de rien de se ruer dans des paradoxes pittoresques, du genre : | « l'espace s'est cintré », si vous n'avez **174** pas maîtrisé cette conception fondamentale qui sous-tend la théorie entière. Quand je dis qu'elle sous-tend la théorie entière, je veux dire que selon moi elle doit la sous-tendre, bien qu'il me soit permis de confesser quelques doutes sur le point de savoir dans quelle mesure toutes les expositions faites de la théorie ont réellement compris ses implications et ses prémisses.

Nos mesures, quand elles sont exprimées en termes de précision idéale, sont des mesures qui expriment les propriétés de la diversité spatio-temporelle. Or ce sont des mesures de différentes espèces. On peut mesurer des longueurs, des angles, des surfaces, des volumes, des temps. Il existe aussi d'autres espèces de mesures, comme les mesures d'intensité lumineuse, mais je ne m'en occuperai pas pour le moment et limiterai mon attention à ces mesures qui nous intéressent particulièrement parce qu'elles mesurent l'espace et le temps. Il est facile de voir que quatre de ces mesures des caractères propres sont nécessaires pour déterminer la position d'une particule-événement dans la diversité spatio-temporelle, dans sa relation au reste de cette diversité. Par exemple, dans un champ rectangulaire vous partez d'un coin à un instant donné, vous mesurez une distance définie le long d'un côté, puis vous bifurquez à angle droit vers l'intérieur du champ, et mesurez alors une distance définie parallèle à l'autre paire de côtés, puis vous montez verticalement à une certaine hauteur et mesurez le temps. Au point et au moment ainsi atteints se produit un éclair ponctuel instantané dans la nature. En d'autres termes, vos quatre mesures ont déterminé une certaine particule-événement appartenant à la multiplicité spatio-temporelle à quatre dimensions. Ces mesures offraient une apparence de grande simplicité pour l'arpenteur et n'éveillaient pas de diffi-175 cultés philosophiques dans son esprit. Mais | supposez qu'il y ait sur Mars des êtres assez avancés dans l'invention scientifique pour observer le détail de ces opérations d'arpentage terrestre. Supposez qu'ils interprètent les opérations des arpenteurs anglais relativement à l'espace naturel du martien, c'est-à-dire à l'espace Martiocentrique propre à sa planète. La Terre est en mouvement relatif par rapport à Mars et elle tourne. Pour les êtres situés sur Mars ces opérations, interprétées à leur mode, aboutissent à des mesures de la plus haute complication. Bien plus, conformément à la doctrine de la relativité, l'opération de mesure temporelle terrestre ne pourra correspondre exactement à aucune mesure temporelle sur Mars.

J'ai examiné cet exemple en vue de vous faire réaliser que lorsqu'il s'agit de penser les possibilités de la mesure dans la multiplicité spatio-temporelle, nous ne devons pas nous borner seulement à ces variations mineures qui pourraient sembler naturelles à des êtres humains sur la Terre. Posons donc comme une proposition générale qu'il existe quatre mesures, chacune d'un type différent (comme des mesures de longueurs en trois directions et une de temps), telles qu'elles déterminent une certaine particule-événement dans ses relations aux autres parties de la multiplicité.

Si (p_1, p_2, p_3, p_4) est un ensemble de mesures conforme à ce système, alors la particule-événement ainsi déterminée sera dite avoir p_1, p_2, p_3, p_4 pour coordonnées selon ce système de mesure. Supposez que nous l'appelions le système de mesure p. Alors dans le même système p, par des variations appropriées de (p_1, p_2, p_3, p_4) toute particule-événement passée, à venir, ou présente dans l'instant, peut être exprimée. Plus, conformément à tout système de mesure qui nous est naturel, | trois des coordonnées seront des mesures spatiales et une sera **176** une mesure temporelle. Posons la dernière coordonnée comme représentant toujours la mesure temporelle. Alors nous pourrons naturellement dire que (p_1, p_2, p_3) détermine un point dans l'espace et que la particule-événement se produit en ce point à l'instant p_4. Mais nous ne devons pas commettre l'erreur de penser qu'il y a un espace qui s'ajoute à la multiplicité spatio-temporelle. Il n'y a rien d'autre que cette multiplicité pour déterminer la signification de l'espace et du temps. Nous avons réussi à déterminer la signification d'un point de l'espace en termes de particules-événements dans la multiplicité à quatre dimensions. Il n'y a qu'une seule manière de faire cela. Notez que si nous faisons varier le temps et le mesurons en conservant les trois mêmes coordonnées spatiales, alors les particules-événements, exprimées ainsi, sont toutes au même point. Mais si on voit qu'il n'y a rien d'autre que les particules-événements, cela veut seulement dire que le point (p_1, p_2, p_3) de l'espace dans le système p n'est que la collection des particules-événements $(p_1, p_2, p_3, [p_4])$, où p_4 varie tandis que (p_1, p_2, p_3) reste fixe. Il est assez déconcertant de penser qu'un point dans l'espace n'est pas une entité simple ; mais c'est une conclusion qui découle immédiatement de la théorie relativiste de l'espace.

En outre l'habitant de Mars détermine les particules-événements par un autre système de mesures. Appelez son système le système q. Relativement à lui (q_1, q_2, q_3, q_4) détermine une particule-événement, et (q_1, q_2, q_3) détermine un point et q_4 un temps. Mais la collection des particules-événements qu'il considère comme un point est entièrement différente de toute collection analogue que l'homme sur terre considère comme un point. Ainsi l'espace q pour l'homme sur Mars est entièrement différent de l'espace p pour l'arpenteur sur la terre.

177 |En parlant d'espace, c'est de l'espace intemporel de la physique que nous avons parlé, c'est-à-dire de l'espace éternel des aventures du monde. Mais l'espace que nous voyons quand nous regardons est l'espace instantané. Ainsi si nos perceptions naturelles s'ajustent avec le système p de mesure, nous voyons instantanément toutes les particules-événements à un instant donné p_4, et observons une succession d'espaces semblables tandis que le temps avance. L'espace intemporel est obtenu par la liaison de tous ces espaces instantanés. Les points d'un espace instantané sont les particules-événements, et les points d'un espace éternel sont les liens des particules-événements successives. Mais l'homme sur Mars ne percevra jamais les mêmes espaces instantanés que l'homme sur la

Terre. Ce système d'espaces instantanés ne coïncidera pas avec le système de l'homme sur terre. Pour l'homme terrestre il y a un espace instantané qui est le présent instantané, il y a les espaces passés et les espaces à venir. Mais l'espace présent de l'homme sur Mars ne coïncidera pas avec l'espace présent de l'homme sur terre. Si bien que les particules-événements qui paraissent se produire dans le présent à l'homme terrestre, paraissent à l'homme sur Mars les unes déjà passées et devenues de l'histoire ancienne, les autres dans le futur, d'autres dans le présent immédiat. Cette rupture avec la conception ordonnée d'un passé, d'un présent et d'un futur est un sérieux paradoxe. J'appelle deux particules-événements qui dans un système de mesure ou un autre sont dans le même espace instantané, des particules-événements *co-présentes*. Il est alors possible que A et B soient co-présents, et que A et C soient co-présents, mais que B et C ne soient pas co-présents. Par exemple, il y a à une distance inconcevable de nous, des événements co-présents maintenant avec nous |et aussi co- **178** présents avec la naissance de la Reine Victoria. Si A et B sont co-présents il y aura des systèmes où A précède B, et d'autres où B précède A. Egalement, il ne peut y avoir de vitesse assez grande pour transporter une particule matérielle de A à B ou de B à A. Ces différents systèmes de mesure avec leurs reconnaissances du temps divergentes ont de quoi troubler, et dans une certaine mesure offensent le sens commun. Ce n'est pas la manière habituelle de penser l'univers. Nous pensons un système temporel unique et nécessaire, et un espace unique et nécessaire. Selon les théories nouvelles, il y a un nombre indéfini de séries temporelles discordantes, et un nombre indéfini d'espaces distincts. Un système temporel et un système spatial formant une paire quelconque, fera l'affaire pour s'accorder avec notre description de l'univers. Nous trouvons que, sous certaines conditions, nos mesures sont nécessai-

rement faites selon une même paire quelconque qui forme
notre système naturel de mesure. La difficulté des systèmes
temporels discordants est partiellement résolue, si on distingue entre ce que j'appelle l'avance créatrice de la nature,
qui n'est en rien proprement sérielle, et une série temporelle
quelconque. Nous avons coutume de confondre cette avance
créatrice que nous expérimentons et connaissons comme la
transition perpétuelle de la nature vers la nouveauté, et la série
temporelle unique que nous utilisons naturellement pour
mesurer. Chacune des séries temporelles diverses mesure un
aspect de cette avance créatrice, et le faisceau entier de celles-
ci exprime toutes les propriétés de cette avance qui sont mesu-
rables. La raison pour laquelle nous n'avons pas auparavant
noté cette différence des séries temporelles est la très petite
différence des propriétés entre deux de ces séries. Tout phénomène observable dû à cette cause varie du carré du rapport de
179 la vitesse incluse dans cette observation à | la vitesse de la
lumière. Or la lumière prend environ cinquante minutes pour
parcourir l'orbite terrestre ; et la terre ne prend pas moins de
17 531 demi-heures pour le même parcours. De là tous les
effets dus à ce mouvement sont de l'ordre du rapport de un au
carré de 10 000. C'est pourquoi un homme sur terre et un
homme sur le soleil ont négligé seulement des effets dont
l'ampleur quantitative contient toujours le facteur 1/108. De
tels effets ne peuvent évidemment être remarqués qu'au
moyen des observations les plus raffinées. Ils ont été observés
cependant. Supposez que nous comparions deux observations
sur la vitesse de la lumière faites avec le même dispositif que
nous tournons d'un angle droit. La vitesse relative de la terre
par rapport au soleil est dans une direction, la vitesse relative
de la lumière dans l'éther devrait être la même dans toutes les
directions. De là si l'espace, quand nous supposons l'éther
immobile, signifie la même chose que l'espace quand nous

supposons la terre immobile, nous devrions trouver que la vitesse relative de la lumière par rapport à la terre varie avec les directions dont elle provient.

Ces observations sur la terre constituent le principe de base des fameuses expérimentations destinées à mettre en évidence le mouvement de la Terre dans l'éther. Vous savez tous que, contre toute attente, elles n'ont donné aucun résultat. Ce qui s'explique entièrement par le fait que, le système temporel et le système spatial que nous utilisons diffèrent d'une façon très fine de l'espace et du temps par rapport au soleil ou par rapport à tout autre corps relatif à leur mouvement.

Toute cette discussion sur la nature du temps et de l'espace a mis devant nos yeux une grande difficulté qui touche la formulation de toutes les lois ultimes de la physique – par exemple les lois du champ électromagnétique et la loi de la gravitation. Prenons par exemple la loi de | la gravitation. Elle **180** se formule comme suit : deux corps matériels s'attirent l'un l'autre avec une force proportionnelle au produit de leurs masses et inversement proportionnelle au carré de leur distance. Dans cet énoncé les corps sont supposés assez petits pour être traités comme des particules matérielles en relation à leur distance ; et nous n'avons pas besoin de nous inquiéter plus de ce point mineur. La difficulté sur laquelle je veux attirer votre attention est celle-ci : dans la formulation de la loi on présuppose un temps défini et un espace défini. Les deux masses sont présumées être en des positions simultanées.

Mais ce qui est simultané dans un système temporel ne peut être simultané dans un autre système. Ainsi conformément à nos vues nouvelles, la loi n'est pas formulée à cet égard de telle sorte qu'elle puisse avoir une signification exacte. En outre une difficulté analogue surgit touchant la question de la distance. La distance entre deux positions instantanées, *i.e.* entre deux particules-événements, est différente dans des

systèmes spatiaux différents. Quel espace doit être choisi ? Là
encore la loi manque de précision dans sa formulation, si on
admet la relativité. Notre problème est de chercher une interprétation nouvelle de la loi de la gravitation d'où ces difficultés soient éliminées. En premier lieu nous devons éviter les
abstractions de l'espace et du temps dans la formulation de nos
idées fondamentales et nous devons revenir aux faits ultimes
de la nature, c'est-à-dire aux événements. Aussi en vue
d'atteindre la simplicité idéale des expressions des relations
entre événements, nous nous limitons aux particules-événements. Ainsi la vie d'une particule matérielle est son aventure
sur une trace de particules-événements égrenées en série
continue ou un chemin dans la multiplicité spatio-temporelle à
quatre dimensions. Ces particules-événements sont les situa-
181 tions variées de la particule matérielle. Nous | exprimons habi-
tuellement ce fait en adoptant notre système spatio-temporel
naturel et en parlant du chemin dans l'espace de la particule
matérielle comme s'il existait dans la succession des instants
du temps.

Nous avons à nous demander quelles sont les lois de la
nature qui conduisent les particules matérielles à adopter
précisément ce chemin et non un autre parmi les particules-
événements. Envisagez ce chemin comme une totalité. Quelle
caractéristique ce chemin a-t-il reçu qu'il ne pourrait partager
avec aucun autre chemin légèrement diffèrent ? Ce que nous
cherchons est plus qu'une loi de gravitation. Nous demandons
des lois du mouvement et une idée générale de la manière de
formuler les effets des forces physiques.

Pour répondre à notre question, nous mettons au second
plan l'idée des masses qui s'attirent et concentrons l'attention
sur le champ d'activité des événements au voisinage de notre
chemin. Ce faisant, nous agissons conformément au mouvement d'ensemble de la pensée scientifique au cours des cent

dernières années, laquelle a de plus en plus concentré l'attention sur le champ de forces comme agent immédiat dirigeant le
mouvement, excluant la considération de l'influence mutuelle
immédiate entre les deux corps distants. Nous avons réussi à
trouver la manière d'exprimer le champ d'activité des événements au voisinage d'une particule-événement définie E de la
multiplicité quadridimensionnelle. J'introduis une idée physique fondamentale que j'appelle l'*impetus* pour exprimer ce
champ physique. La particule-événement E est liée à une
particule-événement avoisinant P, par un élément d'*impetus*.
L'assemblage de tous ces éléments d'*impetus* liant E à
l'assemblage des particules-événements au voisinage de E
exprime le caractère du champ d'activité au voisinage de E. Ici
je me sépare d'Einstein : il conçoit cette quantité que j'appelle
impetus comme exprimant seulement les caractères de
l'espace du | temps qu'il faut adopter et ainsi conclut en parlant **182**
du champ gravitationnel comme exprimant une courbure dans
la multiplicité spatio-temporelle. Je ne peux attacher aucune
conception claire à son interprétation de l'espace et du temps.
Mes formules diffèrent légèrement des siennes, bien qu'elles
s'accordent avec les cas où ses résultats ont été vérifiés. J'ai à
peine besoin de dire que sur ce point de la formulation de la loi
de la gravitation, j'ai suivi la méthode générale qui constitue sa
grande découverte.

Einstein a montré comment exprimer les caractères de
l'assemblage des éléments d'*impetus* du champ environnant
une particule-événement E en termes de dix quantités que
j'appellerai $J_{11}, J_{12} (= J_{21}), J_{22}, J_{23} (= J_{32})$, etc. On notera qu'il y a
quatre mesures spatio-temporelles reliant E à son voisin P, et
qu'il y a dix paires de mesures semblables si on nous permet de
prendre chaque mesure deux fois pour former une telle paire.
Les dix J's dépendent seulement de la position de E dans la
multiplicité quadridimensionnelle, et l'élément d'*impetus*

entre E et P peut être exprimé dans les termes des dix J's et des
dix paires des quatre mesures spatio-temporelles liant E et
P. Les valeurs numériques de J's varieront avec le système de
mesure adopté, mais sont si propres à chaque système particulier que la même valeur est obtenue pour l'élément d'*impetus*
entre E et P, quel que soit le système de mesure adopté. On
exprime ce fait en disant que les dix J's forment un *tenseur*. Ce
n'est pas aller trop loin que de dire que l'annonce que les
physiciens auraient à étudier dans l'avenir la théorie des
tenseurs, créa une véritable panique parmi eux quand la vérifi-
cation des prédictions d'Einstein fut connue pour la première
fois.

183 |Les dix J's d'une particule-événement E peuvent être
exprimés au moyen de deux fonctions que j'appelle le potentiel et *potentiel associé* de E. Le potentiel est pratiquement ce
qui est compris par le potentiel ordinaire de gravitation, quand
nous nous exprimons dans le cadre de l'espace euclidien en
référence auquel la masse attirante est immobile. Le potentiel
associé est défini par la modification obtenue en substituant à
la distance directe la distance inverse dans la définition du
potentiel, et son calcul peut aisément être fait en s'appuyant
sur celui de l'ancien potentiel. Ainsi le calcul de J's – le
coefficient d'*impetus*, comme je l'appellerai – n'introduit rien
de très révolutionnaire dans la connaissance mathématique
des physiciens. Retournons maintenant au chemin de la particule soumise à l'attraction. Nous additionnons tous les éléments d'*impetus* compris dans le chemin total, et obtenons par
là ce que j'appelle l'*impetus intégral*. La caractéristique du
chemin actuel comparé aux autres chemins possibles dans le
voisinage, est que dans les chemins actuels, l'*impetus* intégral
ne pourrait ni croître ni diminuer, si la particule oscillait vers
un autre chemin extrêmement proche. Les mathématiciens
exprimeraient cela en disant que l'*impetus* intégral est station-

naire pour un déplacement infinitésimal. Dans cet énoncé de la loi du mouvement j'ai négligé l'existence d'autres forces. Mais cela m'aurait entraîné trop loin.

La théorie électromagnétique a besoin d'être modifiée pour y introduire la présence d'un champ gravitationnel. Ainsi les recherches d'Einstein conduisent à la première découverte d'une relation entre la gravitation et les autres phénomènes physiques. Sous la forme sous laquelle j'ai proposé cette modification, nous déduisons le principe fondamental d'Einstein, quant au mouvement de la lumière sur ses rayons, comme une première approximation | absolument exacte pour les ondes **184** infiniment courtes. Le principe d'Einstein, ainsi partiellement vérifié, énoncé dans mon langage est qu'un rayon lumineux suit toujours un chemin tel que l'*impetus* intégral sur ce chemin égale zéro. Ce qui implique que chaque élément d'*impetus* sur ce chemin égale zéro.

En conclusion, je dois m'excuser. En premier lieu, j'ai considérablement atténué les diverses particularités captivantes de la théorie originale et je l'ai rendue plus conforme à l'ancienne physique. Je n'admets pas que les phénomènes physiques soient dus à des bizarreries de l'espace. De plus, c'est mon respect pour mon auditoire qui m'a fait aggraver la pesanteur de mon exposé. Vous auriez goûté davantage un exposé de vulgarisation illustré de délectables paradoxes. Mais je sais aussi que vous êtes des étudiants sérieux qui êtes ici parce que vous cherchez réellement à savoir comment les nouvelles théories peuvent affecter vos recherches scientifiques.

LES CONCEPTS PHYSIQUES ULTIMES

Le second chapitre de ce livre pose le premier principe qu'il faut observer pour construire notre conception physique. Nous devons éviter une bifurcation pernicieuse. La nature n'est rien d'autre que ce qui est dévoilé à la conscience sensible. Nous n'avons aucun principe d'aucune sorte qui nous dise ce qui pourrait pousser l'esprit à éveiller la conscience sensible. Notre unique tâche est d'exposer en un système les caractères et interrelations de tout ce qui est observé. Notre attitude à l'égard de la nature est purement *béhavioriste*, du moins en ce qui concerne la formulation des concepts physiques.

Notre connaissance de la nature est l'expérience d'une activité (ou passage). Les choses déjà observées sont des entités actives, les *événements*. Ce sont des tronçons de la vie de la nature. Ces événements ont entre eux des relations qui dans notre connaissance se différencient en relations spatiales et relations temporelles. Mais cette différenciation entre espace et temps, quoiqu'inhérente à la nature, est comparativement superficielle; et l'espace et le temps sont chacun des expressions partielles d'une seule relation fondamentale entre événements qui n'est ni spatiale ni temporelle. Cette relation, je l'appelle *extension*. La relation *s'étendre sur*[1] est la relation *inclure*, soit en un sens spatial, soit en un sens temporel, soit les deux. Mais la pure *inclusion* est plus fondamentale que toute autre relation et ne requiert aucune différenciation spatio-temporelle. Eu égard à l'extension, deux événements sont liés de telle sorte que a) chacun inclut l'autre, ou b) l'un chevauche **186** l'autre sans inclusion complète, ou c) ils | sont entièrement séparés. Mais on doit prendre grand soin de définir les éléments spatiaux et temporels à partir de cette base en vue d'éviter des limitations tacites reposant en fait sur des relations et des propriétés non définies.

De telles falsifications peuvent être évitées en tenant compte de deux éléments dans notre expérience, à savoir a) notre *présent* observationnel[2], b) notre *événement percevant*.

Notre *présent* observationnel est ce que j'appelle une *durée*. C'est le tout de la nature[3] appréhendé dans notre observation immédiate. Sa nature est donc celle d'un événement, mais il possède une complétude particulière qui distingue de telles durées comme type spécial d'événements inhérent à la nature. Une durée n'est pas instantanée. C'est tout ce qu'il y a dans la nature avec certaines limitations temporelles. Par opposition aux autres événements, il y a une durée qui sera appelée infinie; les autres événements sont finis*. Dans notre connaissance d'une durée nous distinguons a) certains événements inclus qui font l'objet d'une discrimination particulière pour leur individualité particulière, b) les autres événements inclus qui sont seulement connus comme nécessairement dans

---

* *Cf.* Note sur la *signifiance*, p. 184.

1. *Extending over.*
2. *Our observational « présent ».*
3. *The whole of nature.*

l'être en raison de leurs relations avec les événements distincts et avec la durée entière. La durée comme totalité est signifiée* par cette qualité relationnelle (eu égard à l'extension) que possède la partie qui est immédiatement observée; ou par le fait qu'il y a essentiellement un au-delà à toute chose observée. J'entends par là que tout événement est connu comme relié à d'autres événements qu'il n'inclut pas. Ce fait, que tout événement est connu comme possédant la qualité d'exclusion, montre que l'exclusion est une relation aussi positive que l'inclusion. Il n'y a naturellement aucune relation purement négative | dans la nature, et l'exclusion n'est pas la simple **187** négative de l'inclusion, bien que les deux relations soient des contraires. Les deux relations intéressent uniquement des événements, et l'exclusion est susceptible d'une définition logique en termes d'inclusion.

Peut-être la plus évidente illustration de la signifiance se trouve-t-elle dans notre connaissance du caractère géométrique des événements à l'intérieur d'un objet matériel opaque. Par exemple nous savons qu'une sphère opaque a un centre. Cette connaissance n'a rien à voir avec la matérialité; la sphère peut être une boule de billard solide et uniforme ou une balle de tennis creuse. Une telle connaissance est essentiellement le produit de la signifiance, puisque le caractère général des événements externes saillants nous a informé qu'il y avait d'autres événements à l'intérieur de la sphère et aussi de leur structure géométrique.

Certaines critiques adressées aux *Principes de la Connaissance Naturelle* montrent quelle difficulté on rencontre à appréhender les durées comme des stratifications réelles de la nature. Je crois que cette hésitation provient de l'influence inconsciente du principe pernicieux de bifurcation, si profon-

---

* *Cf.* chap. 3, p. 71 *sq.*

dément enfoui dans la pensée philosophique moderne. Nous observons la nature comme étendue dans un présent immédiat qui est simultané mais non instantané, et c'est pourquoi le tout qui est immédiatement distingué ou signifié comme un système d'interrelations, forme une stratification de la nature qui est un fait physique. Cette conclusion s'impose immédiatement à moins que nous n'admettions une bifurcation sous la forme du principe des additions psychiques, qui a été ici rejeté.

Notre *événement percevant* est cet événement inclus dans notre présent observationnel que nous distinguons comme étant d'une certaine manière particulière notre point de vue perceptif. C'est, pour parler grossièrement, cet événement **188** constitué par notre vie corporelle | à l'intérieur de la durée présente. La théorie de la perception telle que l'a développée la psychologie médicale repose sur la signifiance. La situation à distance d'un objet perçu est seulement connue de nous par les signes qu'en donne l'état de notre corps, c'est-à-dire par l'événement percevant que nous sommes. En fait la perception requiert la conscience sensible des significations de notre événement percevant, jointe à la conscience sensible d'une relation (situation) particulière entre certains objets et les événements signifiés. Ce qui met notre événement percevant à part, c'est qu'il est le tout de la nature par ce fait que sont ses significations. C'est ce qu'on veut dire quand on appelle l'événement percevant notre point de vue perceptif. La trajectoire d'un rayon de lumière n'est qu'indirectement liée à la perception. Ce que nous percevons réellement, ce sont des objets liés à des événements signifiés par les états corporels provoqués par ce rayon. Ces événements signifiés (comme c'est le cas des images vues derrière un miroir) peuvent avoir très peu de chose à voir avec la trajectoire actuelle du rayon. Au cours de l'évolution ont survécu ces animaux dont la conscience sensible était concentrée sur ces significations de leurs états corporels qui sont en moyenne importants pour leur survie. Le monde entier des événements est signifié, mais il en est qui appellent la peine de mort pour inattention.

L'événement percevant est toujours ici et maintenant dans la durée présente qui lui est associée. Il a ce qui pourrait être appelé une position absolue dans cette durée. Ainsi une durée définie est associée à un événement percevant défini, et nous avons ainsi conscience d'une relation particulière que les événements finis soutiennent avec les durées. J'appelle *cogrédience*[1] cette relation. La notion de repos dérive de celle de cogrédience, et la notion de mouvement dérive de celle d'inclusion dans une durée sans cogrédience avec elle. En fait le mouvement est une relation (de | caractère varié) entre un **189** événement observé et une durée observée, et la cogrédience est le caractère ou la sous-espèce la plus simple du mouvement. En résumé, une durée et un événement percevant sont essentiellement compris dans le caractère général de chaque observation de la nature, et l'événement percevant est cogrédient avec la durée.

Notre connaissance des caractères particuliers des différents événements dépend de notre pouvoir de comparaison. J'appelle l'exercice de ce facteur dans notre connaissance *récognition*, et la conscience sensible que supposent les caractères comparables, je l'appelle *récognition sensible*. La récognition et l'abstraction s'impliquent essentiellement l'une l'autre. Chacune des deux expose à la connaissance une entité plus pauvre que le fait concret, mais qui est un facteur réel de ce fait. Le fait le plus concret susceptible d'être saisi séparément est l'événement. Nous ne pouvons abstraire sans reconnaître, et nous ne pouvons reconnaître sans abstraire. La

1. *Cf.* chap. 3, p. 71, note 3 et chap. 5, p. 114, note 2.

perception enveloppe l'appréhension de l'événement et la récognition des facteurs de son caractère.

Les choses reconnues sont ce que j'appelle des *objets*. En ce sens général du terme la relation d'extension est elle-même un objet. En pratique cependant je restreins le terme à ces objets qui peuvent en un sens ou un autre être dits avoir une situation dans un événement ; et, dans la phrase « c'est encore là », je ne considère le *là* que comme l'indication d'un événement spécial qui est la situation de l'objet. Cependant, il y a différents types d'objets, et les énoncés qui sont vrais pour des objets d'un type ne sont pas en général vrais pour des objets d'un autre type. Les objets qui nous intéressent dans la formulation des lois physiques sont des objets matériels, comme les morceaux de matière, les molécules et les électrons. Un objet d'un de ces types a des relations aux événements autres que

190   celles | qui appartiennent au flux de ses situations. La réalité de ces situations internes à ce flux a imprimé sur tous les autres événements certaines modifications de leurs caractères. En vérité l'objet dans sa complétude peut être conçu comme un ensemble spécifique de modifications solidaires entre elles des caractères de tous les événements, tel que ces modifications convergent vers une certaine propriété focale pour ceux des événements qui appartiennent au flux de ses situations. L'assemblage total de ces modifications des caractères des événements créées par l'existence d'un objet dans un flux de situations est ce que j'appelle le *champ physique* créé par l'objet. Mais l'objet ne peut pas être séparé réellement de son champ. L'objet n'est en fait rien d'autre que l'ensemble systématiquement ajusté des modifications du champ. La limitation conventionnelle de l'objet au flux focal des événements où il est dit être *situé* est commode dans certains cas, mais dissimule le fait ultime de la nature. De ce point de vue l'antithèse entre l'action à distance et l'action par transmission est dépourvue

de sens. La doctrine de ce paragraphe n'est rien d'autre qu'une autre manière d'exprimer la relation multiple insaisissable d'un objet aux événements.

Un système temporel complet est constitué par une famille quelconque de durées parallèles. Deux durées sont parallèles ou bien a) si l'une inclut l'autre, ou b) si elles se chevauchent de manière à inclure une troisième durée commune aux deux, ou c) si elles sont entièrement séparées. Est exclu le cas où deux durées se chevauchent de manière à inclure en commun un agrégat d'événements finis mais sans inclure en commun une autre durée complète. La reconnaissance du fait d'un nombre indéfini de familles de durées parallèles est ce qui différencie le concept de nature proposé ici de l'ancien concept orthodoxe de | système temporel unique par essence. **191** En quoi il diverge du concept einsteinien de la nature, on l'indiquera brièvement plus loin.

Les espaces instantanés d'un système temporel donné sont les durées idéales (non-existantes) d'épaisseur temporelle nulle marquées par les voies d'approximation sur les séries formées par les durées de la famille associée. Chacun de ces espaces instantanés représente l'idéal de la nature en un instant et est aussi un moment du temps. Chaque système temporel possède ainsi un agrégat de moments qui lui appartiennent en propre. Chaque particule-événement se trouve en un et un seul moment d'un système temporel donné. Une particule-événement a trois caractères* : a) son caractère extrinsèque qui est son caractère en tant que voie de convergence parmi les événements, b) son caractère intrinsèque qui est la qualité particulière de la nature en son voisinage, c'est-à-dire le caractère du champ physique dans son voisinage, et c) sa position.

* *Cf.* p. 95 *sq.*

La position d'une particule-événement résulte de l'agrégat des moments (tous de familles différentes) où elle se trouve. Nous fixons notre attention sur un de ces moments qu'une brève durée de notre expérience immédiate représente approximativement, et nous exprimons la position comme position dans ce moment. Mais la particule-événement tient sa position dans le moment M de l'agrégat entier des autres moments M', M'', etc., où elle se trouve aussi. La différenciation de M dans une géométrie de particules-événements (points instantanés) exprime la différenciation de M par son intersection avec des moments de systèmes temporels étrangers. Les plans et les lignes droites et les particules-événements elles-mêmes tirent leur existence de la même origine. Le parallélisme des plans et des lignes droites provient également du parallélisme des

192 moments d'un | même système temporel intersectant M. De façon similaire l'ordre des plans parallèles et des particules-événements sur des lignes droites provient de l'ordre temporel de ces moments qui s'intersectent. L'explication n'en est pas donnée ici*. Il suffit maintenant d'indiquer seulement les sources d'où toute la géométrie tire son explication physique.

La corrélation des divers espaces momentanés d'un système temporel se fait par la relation de cogrédience. Évidemment le mouvement dans un espace instantané est privé de sens. Le mouvement exprime une comparaison entre une position dans un espace instantané et des positions dans d'autres espaces instantanés du même système temporel. La cogrédience produit le résultat le plus simple d'une telle comparaison, à savoir le repos.

Le mouvement et le repos sont des faits immédiatement observés. Ils sont relatifs en ce sens qu'ils relèvent du système

---

* Cf. *Principes de la connaissance naturelle*, et chapitres précédents du présent ouvrage.

temporel fondement de l'observation. Un chapelet de particules-événements dont les positions successives équivalent au
repos dans un système temporel donné forme un point
intemporel dans l'espace intemporel de ce système. De cette
manière chaque système temporel possède son propre espace
intemporel permanent, particulier à lui seul, et chaque espace
semblable est composé de points intemporels qui appartiennent à ce système temporel et à nul autre. Les paradoxes de la
relativité proviennent de ce qu'on néglige le fait que des affirmations différentes portant sur le repos contiennent l'expression des faits de la science physique dans les termes d'espaces
et de temps radicalement différents, et dans lesquels les points
et les moments ont des significations différentes.

La source de l'ordre a déjà été indiquée et celle de la
congruence est maintenant trouvée. Elle dépend du mouve-
ment. | De la cogrédience suit la perpendicularité ; et la perpen-   **193**
dicularité jointe à la symétrie réciproque entre les relations de
deux systèmes temporels, définit complètement la congruence
tant dans le temps que dans l'espace (cf. *loc. cit.*).

Les formules qui en résultent sont celles de la théorie
électromagnétique de la relativité, ou, comme on l'appelle
maintenant, de la relativité restreinte. Mais avec cette différence essentielle : la vitesse critique c qui apparaît dans ces
formules n'a aucune espèce de rapport avec la lumière ni
aucun autre fait du champ physique (à ne pas confondre avec la
structure d'extension des événements). Ceci indique simplement le fait que notre détermination de la congruence
embrasse à la fois l'espace et le temps dans un seul système
universel, c'est pourquoi si l'on choisit arbitrairement deux
unités, l'une pour tous les espaces et l'autre pour les temps,
leur rapport sera une vitesse qui est une propriété fondamentale de la nature où s'exprime le fait que les espaces et les
temps sont réellement comparables.

Les propriétés physiques de la nature s'expriment en termes d'objets matériels (électrons, etc.). Le caractère physique d'un événement provient du fait qu'il appartient au champ du complexe total de ces objets. D'un autre point de vue nous pouvons dire que ces objets ne sont rien d'autre que notre manière d'exprimer la corrélation mutuelle des caractères des événements.

La mesurabilité spatio-temporelle de la nature provient a) de la relation d'extension entre les événements, et b) de la stratification caractéristique dans la nature des divers autres systèmes temporels, et c) du repos et du mouvement tels qu'ils se montrent dans les relations des événements finis aux systèmes temporels. Aucune de ces sources de la mesure ne dépend des caractères physiques des événements finis exhibés dans les situations des objets. Leur signification est complète-**194** ment saisie | pour des événements dont les caractères physiques restent inconnus. Ainsi les mesures spatio-temporelles sont indépendantes des caractères physiques objectifs. Qui plus est, le caractère de notre connaissance d'une durée totale qui est dérivée essentiellement de la signifiance de la partie interne au champ immédiat de discrimination, construit pour nous une totalité uniforme et, en ce qui touche à son extension, indépendante des caractères inobservés des événements éloignés. En effet, il y a une totalité définie de la nature, présente simultanément maintenant, quel que puisse être le caractère de ses événements éloignés. Ces considérations renforcent la conclusion précédente. Cette conclusion conduit à l'affirmation de l'uniformité essentielle des espaces momentanés des divers systèmes temporels, et de là à l'uniformité des espaces intemporels qui appartiennent un par un à chaque système temporel.

L'analyse du caractère général de la nature observée inaugurée ci-dessus fournit l'explication de faits fondamentaux d'observation variés : α) Elle explique comment une qualité, l'extension, se différencie en espace et temps. β) Elle donne un sens aux faits observés de position géométrique et temporelle, d'ordre géométrique et temporel, et à la rectitude et à la planéité géométrique. γ) Elle sélectionne un système défini de congruence embrassant à la fois l'espace et le temps, et explique ainsi la concordance de mesure à laquelle on parvient en pratique. δ) Elle explique (en accord avec la théorie de la relativité) les phénomènes observés de rotation, comme le pendule de Foucault, le renflement équatorial de la Terre, le sens fixe de rotation des cyclones et anticyclones, et le compas gyroscopique. Elle y parvient en admettant des stratifications définies de la nature que révèle en réalité le caractère de la connaissance que nous en avons. ε) Ses explications | du mouvement sont plus fondamentales que celles **195** visées en (δ) ; car elle explique ce que veut dire le mouvement lui-même. Le mouvement observé d'un objet étendu est la relation de ses diverses situations avec la stratification de la nature exprimée par le système temporel qui fonde son observation. Ce mouvement exprime une relation réelle de l'objet au reste de la nature. L'expression quantitative de cette relation variera avec le système temporel choisi pour l'exprimer.

Cette théorie n'accorde à la lumière aucun caractère particulier supérieur à celui accordé aux autres phénomènes physiques comme le son. Une telle différenciation est sans fondement. Nous ne connaissons certains objets que par la vue, certains autres que par le son, et d'autres objets ne sont observés ni par la lumière ni par le son, mais par le toucher ou l'odorat ou autrement. La vitesse de la lumière varie en fonction du milieu et il en est de même de celle du son. La lumière suit sous certaines conditions des chemins courbés, et le son de même. La lumière et le son sont tous deux des ondes agitant les caractères physiques des événements ; et (comme

on l'a montré précédemment p. 175) le cours actuel de la
lumière n'a pas plus d'importance pour la perception que le
cours actuel du son. Vouloir fonder la philosophie naturelle
tout entière sur la lumière est une prétention infondée. L'expérience de Michelson et Morley et d'autres analogues montrent
qu'à l'intérieur des limites de l'inexactitude de notre observation, la vitesse de la lumière est une approximation de la
vitesse critique c qui exprime la relation entre notre espace et
les unités de temps. On peut montrer que l'hypothèse sur la
lumière qui explique ces expériences et l'influence du champ
gravitationnel sur les rayons lumineux, est déductible *comme
approximation* des équations du champ électromagnétique. Ce
196 | qui dispense complètement de toute nécessité de différencier
la lumière des autres phénomènes physiques comme possédant un caractère fondamental particulier.

Il faut observer que la mesure de la nature étendue au
moyen d'objets étendus ne prend sens qu'à partir d'un fait
observé de simultanéité inhérent à la nature et n'est pas
simplement un jeu de la pensée. Faute de quoi concevoir même
une seule présentation de votre barre de mesure étendue AB est
absurde. Pourquoi pas AB' où B' est l'extrémité B cinq minutes
plus tard? La mesure présuppose pour être possible la nature
comme simultanéité, et un objet observé présent alors et
présent maintenant. Autrement dit, la mesure de la nature
étendue requiert quelque caractère inhérent à la nature et
fournissant une règle de présentation des événements. Bien
plus, la congruence ne peut être définie par la permanence de la
barre de mesure. La permanence est elle-même privée de sens
en dehors de quelque jugement immédiat d'auto-congruence.
Sinon comment une corde élastique serait-elle distinguée
d'une barre de mesure rigide? Chacune demeure le même
objet identique à soi. Pourquoi l'un est-il une barre de mesure
possible et l'autre non? La signification de la congruence se

situe au-delà de l'identité à soi de l'objet. Autrement dit, la mesure présuppose le mesurable, et la théorie du mesurable est la théorie de la congruence.

En outre, admettre la stratification de la nature pèse sur la formulation des lois de la nature. On a établi que ces lois doivent être exprimées dans des équations différentielles qui, quel que soit le système général de mesure où elles s'expriment, ne devraient renvoyer à aucun autre système de mesure particulier. Cette exigence est purement arbitraire. Car un système de mesure mesure quelque chose d'inhérent à la nature; sinon il n'a pas de | rapport du tout avec la nature. Et ce **197** quelque chose qui est mesuré par un système particulier de mesure peut avoir une relation spéciale au phénomène dont on formule la loi. Par exemple on peut s'attendre à ce que le champ gravitationnel du à un objet matériel immobile dans un certain système temporel, montre dans sa formulation une référence particulière aux quantités spatiales et temporelles de ce système temporel. Le champ peut évidemment être exprimé dans tous les systèmes de mesure, mais cette référence particulière demeurera l'explication physique simple.

SUR LA CONCEPTION GRECQUE DU POINT

Les pages précédentes étaient déjà sous presse quand j'eus le plaisir de lire l'*Euclide en Grec** de Sir T.L. Heath. Dans le texte original la première définition d'Euclide est :

σημεῖον ἔστιν, ὅν μέρος οὐ οὐθέν.

Je l'ai citée page 98 dans la forme allongée qu'on m'a enseignée dans mon enfance, « sans parties et sans grandeur ». J'aurais consulté l'édition anglaise de Heath – un classique dès le moment de sa parution – avant de me livrer à aucune affirmation sur Euclide. C'est là cependant une correction légère qui n'altère pas le sens et n'appelle pas une note. Je veux attirer ici l'attention sur la note de Heath lui-même sur cette définition dans son *Euclide en Grec*. Il résume la pensée grecque sur la nature du point, des Pythagoriciens jusqu'à Euclide, en passant par Platon et Aristote. Mon analyse du caractère exigé par un point aux pages 101-102 est en complet accord avec les résultats de la discussion grecque.

---

* Cambridge University Press, 1920.

SUR LA SIGNIFIANCE
ET LES ÉVÉNEMENTS INFINIS

La théorie de la signifiance a été développée et précisée dans le présent volume. Elle avait déjà été introduite dans *Les Principes de la Connaissance Naturelle* (*cf.* sous-articles 3.3 à 3.8 et 16.1, 16.2, 19.4 et articles 20,21). En corrigeant les épreuves du présent volume, j'arrive à la conclusion qu'à la | lumière de ce développement, ma limitation des événements infinis aux durées est insoutenable. Cette limitation est affirmée dans l'article 33 des *Principes* et au début du chapitre IV (p. 89) de ce livre. Il n'y a pas seulement une signifiance des événements distincts embrassant toute la durée présente, mais il y a une signifiance d'un événement cogrédient dont l'extension se déploie en avant et en arrière dans tout un système temporel. Autrement dit, l'*au-delà* essentiel dans la nature est un au-delà défini dans le temps aussi bien que dans l'espace (*cf.* p. 72, 186). Ceci découle de ma thèse tout entière assimilant le temps et l'espace et leur attribuant l'extension pour origine. Cela a aussi la même base dans l'analyse du caractère de notre connaissance de la nature. Cela découle de ce qu'on admet comme possible de définir des traces (c'est-à-dire les points des espaces intemporels) comme éléments abstractifs.

C'est un grand perfectionnement que de restaurer l'équilibre entre les moments et les points. Je maintiens cependant l'affirmation du sous-article 35.4 des *Principes* selon lequel l'intersection d'une paire de durées non-parallèles ne se présente pas à nous comme un seul événement. Cette correction n'affecte pas la suite du raisonnement dans les deux livres.

Je saisis cette opportunité pour souligner que les *événements stationnaires* de l'article 57 des *Principes* sont seulement des événements cogrédients obtenus d'un point de vue mathématique abstrait.

INDEX

INDEX DES NOMS

INDEX DES NOTIONS

BIBLIOGRAPHIE

ŒUVRES DE WHITEHEAD

Principia mathematica (1910-1913, avec Bertrand Russell), Cambridge, Cambridge University Press, 1929.

The organization of thought, Londres, William and Norgate, 1917.

An Enquiry Concerning the Principles of Natural Knowledge, Cambridge, Cambridge University Press, 1919.

The Concept of Nature (1920), Cambridge, Cambridge University Press, 1964.

The Principles of Relativity, Cambridge, Cambridge University Press, 1922.

Science and the Modern World (1925), New York, The Free Press, 1967.

Religion in Making (1926), New York, Fordham University Press, 1996.

Symbolism : Its Meaning and Effects, New York, Macmillan, 1927.

The function of Reason (1929), Boston, Beacon Press, 1958.

The Aims of Education (1929), New York, The Free Press, 1967.

Process and Reality (1929), édition corrigée par D.R. Griffin et D.W. Sherburne, New York, The Free Press, 1979.

Adventures of Ideas (1938), New York, The Free Press, 1967.

Modes of Thought (1938), New York, The Free Press, 1968.

Essays in Science and Philosophy, New York, Philosophical Library, 1947.

The Interpretation of Science, A.H. Johnson (éd.), Indianapolis, Bobbs-Merrill, 1961.

Traductions françaises

Le Devenir de la religion, Paris, Aubier-Montaigne, 1939.
La Fonction de la raison et autres essais, Paris, Payot, 1969.
Aventures d'idées, Paris, Le Cerf, 1993.
La science et le monde moderne, Paris, Éditions du Rocher, 1994 (une précédente traduction parue chez Payot, 1930, est préférable).
Procès et réalité, Paris, Gallimard, 1995.
Le Concept de nature, Paris, Vrin, 1998 ; réédition en poche, 2006.
Modes de pensée, Paris, Vrin, 2004.

Différents articles ou essais détachés des œuvres de Whitehead ont fait l'objet de traductions séparées souvent incluses dans des études sur la philosophie de Whitehead : par exemple, *Les Mathématiques et le bien*, ou *Immortalité*, dans François Cesselin, *La Philosophie organique de Whitehead*, Paris, PUF, 1950.

Une bibliographie exhaustive des études sur Whitehead est aujourd'hui difficile à donner. On peut se reporter à celle, un peu ancienne mais très fournie, que propose Alix Parmentier, dans *La Philosophie de Whitehead et le problème de Dieu*, Paris, Beauchesne, 1968. D'autres, plus sélectives et plus récentes figurent dans différents ouvrages en français sur Whitehead.

TABLE DES MATIÈRES

ALFRED NORTH WHITEHEAD
LE CONCEPT DE NATURE

Achevé d'imprimer le 5 mars 2019
sur les presses de
La Manufacture - Imprimeur – 52200 Langres
Tél. : (33) 325 845 892

N° imprimeur : 190243 - Dépôt légal : mars 2019
Imprimé en France